Karin Beuting-Lampe

Betriebs- und Unternehmens-führung in der Hauswirtschaft

4. Auflage

Band 1

VERLAG EUROPA-LEHRMITTEL · Nourney, Vollmer GmbH & Co. KG
Düsselberger Straße 23 · 42781 Haan-Gruiten

Europa-Nr. 60136

Autorin:
Karin Beuting-Lampe, Wesel

Verlagslektorat:
Anke Horst

Bildquellen:
Akademie der Diözese Rottenburg-Stuttgart, Stuttgart
S. 32/1; S. 109/1; S. 123/1; S. 135/1

Beuting-Lampe/Kardinal Wendel Haus München
S. 125/1

Fotolia.com
S. 7/1 © Denis Junker – Fotolia.com; S. 16/1 © mertcan – Fotolia.com; S. 17/1 © C. Mariche – Fotolia.com; S. 18/1 © Adam Gregor – Fotolia.com; S. 19/1 © DOC RABE Media – Fotolia.com; S. 21/1 © Syda Productions – Fotolia.com; S. 35/1 © ostap25 – Fotolia.com; S. 37/1 © DOC RABE Media – Fotolia.com; S. 43/1 © contrastwerkstatt – Fotolia.com; S. 45/1 © Monkey Business – Fotolia.com; S. 47/1 © Alexander Raths – Fotolia.com; S. 49/1 © cirquedesprit – Fotolia.com; S. 55/1 © goir – Fotolia.com; S. 57/1 © Picture-Factory – Fotolia.com; S. 59/1 © Alliance – Fotolia.com; S. 67/1 © Gina Sanders – Fotolia.com; S. 69/1 © kemaltaner – Fotolia.com; S. 70/1 © Gina Sanders – Fotolia.com; S. 71/1 © photosvac – Fotolia.com; S. 73/1 © Robert Kneschke – Fotolia.com; S. 76/1 © Jeanette Dietl – Fotolia.com; S. 84/1 © Marco2811 – Fotolia.com; S. 90/1 © PhotoSG – Fotolia.com; S. 94/1 © sakkmesterke – Fotolia.com; S. 97/1 © DOC RABE Media – Fotolia.com; S. 100/1 © beermedia.de – Fotolia.com; S. 110/1 © spuno – Fotolia.com; S. 113/1 © Barabas Attila – Fotolia.com; S. 114/1 © Alexander Raths – Fotolia.com; S. 127/1 © celiafoto – Fotolia.com; S. 131/1 © adisa – Fotolia.com; S. 155 © h_lunke – Fotolia.com; S. 140/1 © beermedia.de – Fotolia.com; S. 153/1 © Petair – Fotolia.com

möve frottana Textil GmbH & Co. KG, Berlin
S. 40/1

4. Auflage 2014

Druck 5 4 3 2 1

Alle Drucke derselben Auflage sind parallel einsetzbar, da sie bis auf die Behebung von Druckfehlern untereinander unverändert sind.

ISBN 978-3-8085-6039-6

© 2014 by Verlag Europa-Lehrmittel, Nourney, Vollmer GmbH & Co. KG, 42781 Haan-Gruiten
http://www.europa-lehrmittel.de
Umschlaggestaltung: Blick Kick Kreativ KG, 42653 Solingen unter Verwendung eines Fotos von © psdesign1 – Fotolia.com
Layout und Satz: PER Medien+Marketing GmbH, Braunschweig
Druck: M.P. Media-Print Informationstechnologie GmbH, 33100 Paderborn

Vorwort ...

Der vorliegende Titel **Betriebs- und Unternehmensführung – Band 1** wendet sich an hauswirtschaftliche Fachkräfte, die sich auf den Abschluss als hauswirtschaftliche Führungskraft vorbereiten, an Prüfer, an Lehrgangsleiter und an Berufspraktiker.

In vier Kapiteln werden die Themenschwerpunkte Aufgaben der hauswirtschaftlichen Betriebs- und Unternehmensführung, Personalmanagement, Kostenmanagement und Qualitätsmanagement behandelt.

Die Kapitel sind in sich geschlossen, enthalten aber zahlreiche Querverweise untereinander. So finden Sie die Personalbedarfsrechnung im Kapitel Personalmanagement, die darauf aufbauende Kostenkalkulation im Kapitel Kostenmanagement und die erläuternden Prozesse im Kapitel Qualitätsmanagement. Durch die Seitenhinweise können Sie sich die Zusammenhänge leicht erschließen.

Neu in der 4. Auflage

Im Kapitel „Qualitätsmanagement" ist der Anhang an die aktuellen MDK-Anforderungen angepasst. Es wird die aktuelle Qualitätsprüfungsrichtlinie (QPR) vom 17.01.2014 beschrieben, ebenso die aktuelle Pflegetransparenzvereinbarung (PTVS) vom 01.01.2014.

Die genannten Praxisbeispiele beziehen sich auf konkrete Einrichtungen. Daten und Fakten können daher nicht 1:1 auf andere Einrichtungen übertragen werden, wohl aber das Grundprinzip, z. B. für eine Leistungsbeschreibung oder eine Kalkulation. Jede Einrichtung ist aufgefordert, ihre eigenen Rahmenbedingungen, Zahlen und Fakten zugrunde zu legen. Im fünften Kapitel werden stellvertretend für die Prüfungsgattung „Situationsaufgabe" und „Schriftliche Prüfungsaufgabe" der Meisterprüfung zwei Aufgabenbeispiele vorgestellt. Diese sind mit leichten Abwandlungen ebenso für die Übung und Prüfungsvorbereitung der hauswirtschaftlichen Betriebsleiterin zu verwenden.

Der besseren Lesbarkeit wegen wird abwechselnd die weibliche und die männliche Form genannt, in Originalzitaten auch Kombinationen.

Im **Band 2** (Europa-Nr. 60143) werden die Themenschwerpunkte Marketing, Recht, Existenzgründung und Büro- und Selbstmanagement behandelt, der **Band 3** (Europa-Nr. 60150) hat den Themenschwerpunkt Controlling .

... und Dank

Mein Dank gilt allen Seminarteilnehmerinnen und Mitarbeiterinnen in hauswirtschaftlichen Betrieben, durch deren Teilnahme an Seminaren und in Beratungsprozessen ich immer wieder Theorie mit Praxis verbinden kann.

Ein besonderer Dank gilt den Mitarbeiterinnen und Führungskräften in der Akademie Hohenheim der Diözese Rottenburg-Stuttgart, dem Altenkrankenheim Bethanien für die Grafschaft Moers und der Stiftung Lühlerheim in Schermbeck. Fotos, Dokumente, Zahlen und Fakten dieser sozialen Dienstleistungsbetriebe bereichern dieses Fachbuch.

Wesel, im Herbst 2014   *Karin Beuting-Lampe*

Geleitwort zur 1. Auflage

Betriebs- und Unternehmensführung ist eine der Kernaufgaben hauswirtschaftlicher Fach- und Führungskräfte. Mit der am 1. November 2005 in Kraft getretenen neuen Verordnung über die Anforderungen in der Meisterprüfung des Berufes Hauswirtschafter/in wird diesem Arbeitsbereich die in der Praxis notwendige Bedeutung beigemessen. Von den Prüflingen werden umfassende Kenntnisse im Management des hauswirtschaftlichen Dienstleistungsbetriebes erwartet. Neben einem großen Maß an praktischen Fertigkeiten und personenorientiertem Arbeiten, das seit jeher im Mittelpunkt des Berufsfeldes steht, werden nun in weitaus stärkerem Ausmaß die Bearbeitung wirtschaftlicher und unternehmerischer Fragen von den Fachkräften erwartet.

Im Bereich der Betriebs- und Unternehmensführung heißt es nun, sich mit Existenzsicherung des Unternehmens, Personal-, Qualitäts- und Projektmanagement auseinander zu setzen. Die hauswirtschaftliche Fachkraft lernt Betriebsstrukturen kennen und deren wirtschaftliche, rechtliche und soziale Zusammenhänge zu analysieren und zu bewerten. Neben dieser Analyse erarbeitet sie Lösungsvorschläge zur Verbesserung der betrieblichen Situation.

Das aktuelle Buch von Karin Beuting-Lampe schließt eine Lücke in der Literaturliste für Kolleginnen und Kollegen, die sich gerade auf die Meisterprüfung vorbereiten, wie auch für die, die sich selbst weiterbilden und auf den Stand der Zeit bringen wollen – oder ein umfangreiches Projekt in ihrem Betrieb bearbeiten. Beuting-Lampe gelingt es, die theoretischen Inhalte der Betriebs- und Unternehmensführung klar zu formulieren und gut nachvollziehbar darzustellen.

Betriebswirtschaftliche Sachverhalte werden von ihr auf die entsprechenden Arbeitsgebiete im Bereich Hauswirtschaft übertragen, durch Beispiele erläutert und so transparent gemacht. Klar dargestellt werden dabei auch die Schnittstellen z. B. zum Pflegebereich. Die Erläuterungen sind leicht lesbar und gut verständlich, die Listen und Übersichten z. B. zum Thema Personalplanung für eigene Berechnungen als Muster nutzbar. Das Buch vermittelt das nötige Grundlagenwissen verknüpft mit Praxisbeispielen, die jederzeit auf eigene Projekte übertragbar sind.

Ob als angestellte Fachkraft im hauswirtschaftlichen Dienstleistungsbetrieb oder als selbstständige Managerin: mit dem vorliegenden Grundlagenwerk werden Zusammenhänge transparent gemacht und das Verständnis für betriebswirtschaftliche Erfordernisse gefördert. Als Lehrbuch in der Vorbereitung auf Prüfungen, wie auch zum Selbststudium kann dieses Buch nur allen empfohlen werden.

Wir wünschen allen Lesern viel Spaß beim Eintauchen in die Welt der hauswirtschaftlichen Betriebsführung und viel Erfolg auf dem weiteren beruflichen Weg.

Christina Hohmann-Schaub
1. Vorsitzende
Berufsverband Hauswirtschaft e.V.
Vorstandsmitglied
der Bundesarbeitsgemeinschaft
Hauswirtschaft (BAG-HW)

Petra Stubakow
1. Vorsitzende Bundesverband
der Meisterinnen und Meister
der Hauswirtschaft e.V.

Weinstadt und Hambergen im September 2007

Inhaltsverzeichnis

Kapitel 1

Aufgaben der hauswirtschaftlichen Betriebs- und Unternehmensführung

1.1   Hauswirtschaftliche Betriebe und Unternehmen

Führen Sie einen hauswirtschaftlichen Betrieb oder leiten Sie ein hauswirtschaftliches Unternehmen oder die hauswirtschaftliche Abteilung in einer sozialen Organisation? Vielleicht bereiten Sie sich in einer Weiterbildung darauf vor, als hauswirtschaftliche Betriebsleiterin oder Meisterin der Hauswirtschaft eine Managementaufgabe zu übernehmen? Viele Begriffe, die wir zunächst klären wollen.

Sowohl „führen – leiten – managen" als auch „Unternehmen – Betrieb – Organisation" können wir jeweils als synonyme Begriffe verwenden.

Zwar spricht man eher in der Industrie oder im Handel von Unternehmen, im Handwerk und in der Landwirtschaft von Betrieben und in sozialen Institutionen, Verbänden oder Behörden von Organisationen; doch das hat eher umgangssprachliche, traditionelle Gründe. Aus betriebswirtschaftlicher Sicht geht es bei allen dreien um ein und denselben Grundgedanken:

- Unternehmen, Betriebe und Organisationen wirtschaften und dazu bedarf es einer
- Führung, einer Leitung, eines Managements.

Die Arten von hauswirtschaftlichen Betrieben und hauswirtschaftlichen Abteilungen in Betrieben sind so zahlreich wie die Hauswirtschaft abwechslungsreich ist. Da ist

- das Tagungshaus
- das Alten- und Pflegeheim
- die Behinderteneinrichtung
- das Krankenhaus
- das Internat
- die Betriebskantine
- der Reinigungsdienstleister
- der Wäschedienstleister
- der Caterer
- der rollende Mittagstisch
- die Wohngemeinschaft
- der Privathaushalt
- der Pensionsbetrieb mit „Ferien auf dem Bauernhof".

Sie selbst mögen aus Ihrer Berufspraxis noch einige hinzufügen.

Die Ausbildungsverordnung zur Hauswirtschafterin/zum Hauswirtschafter unterteilt Betriebe in drei Hauptgruppen. Sie nennt als Einsatzorte für die betriebliche Ausbildung

- Privathaushalte
- soziale Unternehmen
- erwerbswirtschaftlich orientierte Unternehmen.

Alle drei Arten von Betrieben „wirtschaften" und müssen „wirtschaftlich handeln".

„Wirtschaften" bedeutet

- menschliche Bedürfnisse kennen und mit den zur Verfügung stehenden Ressourcen den entsprechenden Bedarf decken.

Das klingt sehr theoretisch. Was bedeutet es?

Ressourcen sind Mittel, in der Betriebswirtschaft spricht man auch von Produktionsmitteln oder Produktionsfaktoren. Dies sind in einem Tagungshaus z. B. die Mitarbeiter, das Gebäude, in dem die Dienstleistung angeboten wird, die Ausstattung der Zimmer, die Tagungsräume, Büros, die Reinigungsmittel, die Lebensmittel, die Tischwäsche, die Maschinen usw.

Ressourcen sind grundsätzlich knapp, weil sie begrenzt sind.

Menschliche Bedürfnisse dagegen sind in der Art vielfältig und in der Anzahl unbegrenzt. Der Soziologe Maslow hat sie in der „Maslow´schen Bedürfnispyramide" nach fünf Stufen klassifiziert.

- Stufe 1   Physiologische Bedürfnisse (z. B. Nahrung, Wohnung)
- Stufe 2   Sicherheitsbedürfnisse (z. B. sicherer Arbeitsplatz)
- Stufe 3   Soziale Bedürfnisse (z. B. Familie)
- Stufe 4   Wertschätzungsbedürfnisse (z. B. Respekt)
- Stufe 5   Bedürfnis nach Selbstverwirklichung

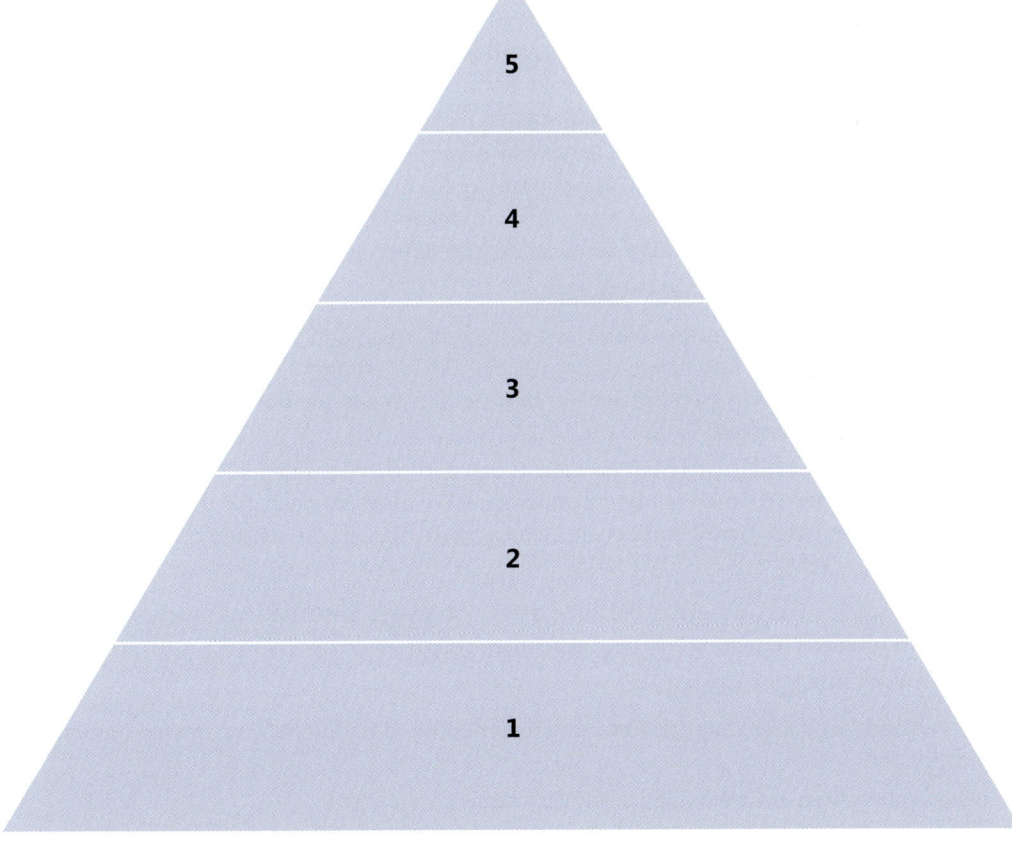

Bedürfnisse und Bedarf unterscheiden sich:
- Bedürfnisse haben individuellen und subjektiven Charakter.
- Der Bedarf fasst objektiv und messbar die Bedürfnisse zusammen.

Beispiel

Bedürfnis	Bedarf
Zu den physiologischen Bedürfnissen der ca. 82 Mio. Deutschen gehört das Bedürfnis nach „Wohnen".	Fachinstitute erforschen und errechnen den aktuellen und zukünftigen Bedarf an Ein-, Zwei- und Mehrfamilienhäusern, um das Bedürfnis nach „Wohnen" zu decken.
Junge Menschen haben das Sicherheitsbedürfnis, einen Beruf zu erlernen.	Fachinstitute erforschen und errechnen den aktuellen und zukünftigen Bedarf an Auszubildenden z. B. im Gesundheitswesen.

Wenn ein hauswirtschaftliches Unternehmen, z. B. ein Alten- und Pflegeheim, „wirtschaftet", bedeutet es, dass es die Bedürfnisse von alten und pflegebedürftigen Menschen kennt und seine Mittel so einsetzt, dass der hauswirtschaftliche Versorgungs- und Betreuungsbedarf der Bewohner gedeckt wird.

- Ein Heimkoch erstellt einen wöchentlichen Speiseplan. Er kennt den Nährwertbedarf für alte Menschen, bedenkt deren Kau- und Schluckprobleme und kommt deren Bedürfnis nach altbewährter, bekannter Kost nach. Mit diesem Speiseplan deckt er den Verpflegungsbedarf.
- Ein Hauswirtschaftsteam organisiert eine Feier zum 100. Geburtstag einer Bewohnerin. Die Hauswirtschaftsleitung erfragt beim Bewohner oder dessen Angehörigen die Wünsche zur Speisenfolge, zur Dekoration, zur Gästebetreuung. Sie erstellt daraufhin einen Arbeitsplan und einen Personaleinsatzplan, sie reserviert und dekoriert mit der Auszubildenden den Raum, in dem die Feier stattfindet. So deckt sie den Betreuungsbedarf.

In einem Internat kann „wirtschaften" bedeuten:

- Das Reinigungsteam reinigt die Schulklassen, Verkehrswege und Sanitäranlagen. Es setzt dazu Reinigungsgeräte und Reinigungsmittel ein. Die Mitarbeiter richten den Reinigungsstandard an den Bedürfnissen der Schüler bzw. der Eltern aus. Sie decken damit den Hygiene- und Reinigungsbedarf.
- Die Mitarbeiter der Hauswirtschaft hängen in den Zimmern Gardinen auf und kommen dem Bedürfnis der Schülerinnen und Schüler nach Privatsphäre nach. Sie tun dies mit den Ressourcen Gardinen, Gardinenröllchen, Leiter und Arbeitszeit. Sie decken damit einen Betreuungsbedarf.

In diesen Beispielen war noch nicht die Rede davon, ob dieses beschriebene „Wirtschaften" auch „wirtschaftlich" vor sich geht. Worin liegt der Unterschied?

„Wirtschaftlich handeln" bedeutet

- die vorhandenen, aber knappen Ressourcen vernünftig, d. h. rational einzusetzen (Rationalprinzip) und
- dabei zu beachten, dass ein finanzielles Gleichgewicht herrscht.

Das Rationalprinzip lässt sich in zwei verschiedene Prinzipien unterscheiden: das Minimalprinzip und das Maximalprinzip (auch: Minimum- und Maximumprinzip genannt).

- Beim Minimalprinzip gilt es, eine vorgegebene Menge mit einem geringst möglichen – minimalen – Einsatz herzustellen.

- Beim Maximalprinzip gilt es, mit einem gegebenen Einsatz die möglichst größte – maximale – Menge herzustellen.

Achtung: „Wirtschaftlich handeln" bedeutet nicht – wie häufig missverstanden – mit dem geringst möglichen Einsatz die größt mögliche Leistung zu erbringen.

Beispiel Minimalprinzip

An einem Abreisetag müssen in einem Tagungshaus 30 Zimmer gereinigt werden (vorgegebene Menge).

Ziel des wirtschaftlichen Handelns ist es, die 30 Zimmer so zu reinigen, dass der Einsatz so gering wie möglich ist. Der Einsatz besteht hauptsächlich aus den Kosten für Mitarbeiter (MA) und Arbeitsmittel (AM).

Bisher haben drei wenig geschulte Mitarbeiter mit veralteter Reinigungstechnik die 30 Zimmer in drei Stunden gereinigt:

3 Mitarbeiter x 3 Std. x 13,00 €/Std. + 10,00 € Arbeitsmittel = 127,00 €

Ziel des wirtschaftlichen Handelns nach dem Minimalprinzip ist es, diesen Einsatz zu minimieren. Dazu gibt es mehrere Möglichkeiten, z. B. Mitarbeiter schulen und aktuelle Reinigungstechnik einsetzen. Der zukünftige Mitteleinsatz könnte sich dann reduzieren auf:

3 Mitarbeiter x 2,5 Std. x 13,00 €/Std. + 12,50 € Arbeitsmittel = 110,00 €

Beispiel Maximalprinzip

Bisher haben fünf Teilzeitmitarbeiter (gegebener Einsatz) in einer hauseigenen Wäscherei an drei Waschautomaten im Einschichtsystem die Wäsche eines Alten- und Pflegeheims bearbeitet. Ab 15 Uhr ruht der Maschinenpark.

Ziel des wirtschaftlichen Handelns nach dem Maximalprinzip ist es, mit den vorhandenen Mitteln mehr Wäschedienstleistung zu erbringen.

Dazu gibt es mehrere Möglichkeiten, z. B. die zusätzliche Bearbeitung der Wäsche einer nahe gelegenen Tagespflegeeinrichtung. Dazu könnte ein Zweischichtsystem eingeführt werden, und die vorhandenen Mitarbeiter und Maschinen könnten mehr Leistung erbringen.

Ein erwerbswirtschaftlich orientierter Betrieb unterscheidet sich von sozialen Betrieben – auch Non-Profit-Organisationen genannt – dadurch, dass sein wirtschaftliches Handeln von der Zielsetzung geleitet wird, Gewinne zu erwirtschaften. Dies ist das Prinzip der Gewinnmaximierung.

Von Gewinn spricht man,
- wenn die Erträge aus dem Absatz der Produkte und Dienstleistungen
- den Aufwand, der notwendig war, die Produkte und Dienstleistungen zu erbringen

übersteigen.

Mathematisch ausgedrückt:

	Erträge
-	Aufwendungen
=	Gewinn

unter der Voraussetzung, dass Erträge größer sind als die Aufwendungen.

Umgekehrt gilt:

	Erträge
-	Aufwendungen
=	Verlust

unter der Voraussetzung, dass Erträge kleiner sind als die Aufwendungen.

Für Non-Profit-Organisationen, die ja nicht gewinnorientiert, sondern kostendeckend arbeiten, gilt:

	Erträge
-	Aufwendungen
+	Spenden
+	Zuschüsse
+	Sponsorengelder
=	0,00 €

1.2 Sach- und Managementfunktionen in einem hauswirtschaftlichen Betrieb

In allen Betrieben und Unternehmen, ob industriell produzierende Betriebe, Groß- oder Einzelhandel, landwirtschaftliche Betriebe oder Organisationen im Gesundheitswesen, fallen zwei Arten von Funktionen (= Aufgaben) an: die Sachfunktionen und die Managementfunktionen.

Die grundlegenden Sachfunktionen, die sich noch weiter untergliedern lassen, sind

- Einkauf
- Produktion
- Verkauf

Unter Produkten versteht man in der Betriebs- und Unternehmensführung, in der Betriebswirtschaft und auch im Qualitätsmanagement sowohl Produkte als auch Dienstleistungen; z.B. das Herstellen von 100 Mittagsmenüs in der Küche durch die Küchenmitarbeiter (Produktion) und das Servieren dieser Menüs durch Servicekräfte im Restaurant (Dienstleistung).

Die grundlegenden Managementfunktionen, die sich ebenfalls weiter differenzieren lassen, sind

- Planung
- Organisation
- Kontrolle

Sach- und Managementfunktionen stehen aber nicht nebeneinander, über- oder untergeordnet, sondern sie sind miteinander verwoben. Wie in einem gewebten Stoff die Verbindung von Kette und Schuss ein reißfestes Material ergibt, so ergibt erst das Zusammenwirken der Sach- und Managementfunktionen einen „funktionierenden" Betrieb.

Wenn Sie die Hauswirtschaft in einem Betrieb leiten, erfüllen Sie zwar überwiegend Managementaufgaben, aber ebenso Sachaufgaben. Das zeitliche Verhältnis von Management- zu Sachaufgaben hängt maßgeblich von der Art und Größe des Betriebes ab. Je größer der Betrieb und der Umfang an Managementaufgaben, desto höher in aller Regel der Anteil von Fachkräften und angelernten Mitarbeitern, die Sie zur Ausführung von Sachaufgaben einsetzen müssen.

Wie die Funktionen miteinander verwoben sind, zeigt das folgende Beispiel in Form einer Matrix.

Dienstleistung „Vermietung von Seminarräumen"

	Einkauf	Erbringung der Dienstleistung	Verkauf
Planung	Managementaufgabe ist es, diese Fragen zu beantworten: Welche Politik vertritt das Tagungshaus? Welche Zielgruppe wird angesprochen? Welchen Qualitätsstandard sollen die Seminarräume haben? Welche Kosten entstehen, welche Preise lassen sich erzielen? Welches Personal und welche Arbeitsmittel sind notwendig, um Seminarräume zu vermieten? Welche Prozesse sind für die Dienstleistung erforderlich? Wie lassen sich Kunden gewinnen und halten? u. a.		
	Sachaufgabe: z. B. Eine Materialbestellung vorbereiten	Sachaufgabe: z. B. Eine Checkliste für angeforderte Medien erstellen	Sachaufgabe: z. B. Kundenstatistiken führen

	Einkauf	Erbringung der Dienstleistung	Verkauf
Organisation	Managementaufgabe ist es, diese Fragen zu beantworten: Welche Prozesse sind erforderlich, um die Planung umzusetzen? Wie sollen die Prozesse gestaltet werden? Wie und wo lassen sich Personal und Arbeitsmittel beschaffen? Welches Budget ist notwendig? Wie müssen Arbeits- und Dienstpläne aussehen? Welche Kommunikationsstruktur muss eingerichtet werden? Wie werden Kundenbeschwerden erfasst? Wie sind das Büro- und Zeitmanagement strukturiert? Wie lassen sich Mitarbeiter motivieren und qualifizieren? u. a.		
	Sachaufgabe: z. B. Waren annehmen und einlagern	Sachaufgabe: z. B. Seminarräume reinigen	Sachaufgabe: z. B. Belegungsanfragen entgegennehmen

	Einkauf	Erbringung der Dienstleistung	Verkauf
Kontrolle	Managementaufgabe ist es, diese Fragen zu beantworten: Mit welchem Erfolg wird die Planung umgesetzt, mit welchem Erfolg die Organisation? Wie wird das Budget überwacht und gesteuert? Wie ist die Qualität der Lieferanten zu bewerten? Laufen die Prozesse reibungslos oder gibt es Verbesserungspotential? Welche Folgerungen lassen sich aus der Auswertung der Kundenbeschwerden ziehen? Was kann/muss zur Mitarbeiterzufriedenheit getan werden? Müssen Planung oder Organisation revidiert werden? u. a		
	Sachaufgabe: z. B. Materialverbrauch statistisch erfassen und auswerten	Sachaufgabe: z. B. Endkontrolle im Tagungsraum durchführen	Sachaufgabe: z. B. Mit Seminarveranstaltern Kundengespräche führen

Wie Sie leicht erkennen, steuern die Fragen, denen Sie sich bei der Managementaufgabe „Kontrolle" stellen müssen, wieder auf die Managementaufgabe „Planung" zu.

Diesen Kreislauf finden Sie im Kapitel 4 „Qualitätsmanagement" als pdca-Zyklus wieder:

- plan   planen
- do   durchführen
- check überprüfen, überwachen
- act   handeln, reagieren

Auch die Berufs- und Arbeitspädagogik bedient sich der Erkenntnis, dass alles Kontrollieren in eine erneute Planung mündet. Sie hat dafür das Modell der vollständigen Handlung entwickelt:

- informieren
- planen
- entscheiden
- durchführen
- kontrollieren
- bewerten

1.3   Hauswirtschaftliche Produkte und Dienstleistungen

Ziel und Zweck der Managementaufgaben Planung, Organisation und Kontrolle ist es, hauswirtschaftliche Produkte und Dienstleistungen zu erbringen, die auf die jeweilige Kundengruppe zugeschnitten sind. Welche Produkte und Dienstleistungen dies im Einzelfall sind, ergibt sich aus dem Auftrag der Organisation oder aus dem erwerbswirtschaftlichen Unternehmenszweck, z. B.

- Speisenproduktion
- Speisenservice
- Service rund um das Wohnen – Facilitymanagement:
- Reinigung, technische Dienste, Gestaltung des Wohnumfeldes, Vermietung, Pflege der Außenanlagen
- Wäscheversorgung
- Hauswirtschaftliche Betreuung
- Hauswirtschaftliche Beratung

Nicht alle Betriebe erbringen Dienstleistungen in allen hauswirtschaftlichen Bereichen. Auch sind die Gewichtungen der einzelnen Bereiche unterschiedlich.

Eine Betriebskantine wird 90 % ihrer Produkte und Dienstleistungen im Bereich der Speisenproduktion und dem Speiseservice erbringen. Doch überall dort, wo Menschen nicht nur gemeinsam essen und trinken, sondern wohnen, tagen oder übernachten, sind alle hauswirtschaftlichen Teilbereiche gefragt.

Je nach Größe des Betriebes können diese Teilbereiche von spezialisierten Leitungskräften geführt werden:

- Küchenleitung
- Leitung des Facilitymanagements
- Leitung der Wäscherei
- Leitung des Gästeservices

oder von einer

- Gesamtleitung der Hauswirtschaft

Viele Leitungskräfte in der Hauswirtschaft haben sich auf den einen oder den anderen Bereich spezialisiert. Grundsätzlich vermittelt aber die hauswirtschaftliche Aus-, Fort- und Weiterbildung alle Fachkompetenzen. Der Aufgabenkatalog für die Betriebs- und Unternehmensführung unterscheidet sich jedoch nicht: Für die Führungsaufgaben macht es prinzipiell keinen Unterschied, ob Sie mit 25 Mitarbeitern für die Versorgung der Bewohner in einem Alten- und Pflegeheim verantwortlich sind oder mit 80 Mitarbeitern für die Reinigung eines Krankenhauses oder mit 12 Mitarbeitern für die gesamte Hauswirtschaft eines kleinen Tagungshauses.

Als Leitungskraft tragen Sie die Verantwortung für die Erbringung der Dienstleistung bzw. für die Herstellung von Produkten.

Produkte oder Dienstleistungen unterliegen der Abfolge

- Input   Produktion   Output

Den „Input" bilden die Produktionsfaktoren

- Mensch
- Betriebsmittel
- Arbeitsmittel

In der „Produktion" werden die Produktionsfaktoren je nach Art des Produktes und der Dienstleistung kombiniert und umgewandelt.

Den „Output" bilden das fertige Produkt und die erbrachte Dienstleistung.

Beispiel: Produkt „Mittagsmenüs"

Input

Mensch
Koch, Hauswirtschafterin, angelernte Küchenmitarbeiter, Auszubildende, Reinigungskräfte, Mitarbeiter des Hol- und Bringedienstes

Betriebsmittel
Betriebsgebäude, Produktionsküche, Lagerräume, Spülküche, Maschinen, z. B. Heißluft-dämpfer, Kippbratpfanne, Zerkleinerungsmaschinen, Wärmewagen, Spülmaschine

Arbeitsmittel
Lebensmittel, Hygieneartikel, Reinigungs- und Desinfektionsmittel, Reinigungs- und Küchentücher, Arbeitsgeräte, z. B. Messer, Schüsseln

Produktion

Umwandlung und Kombination

lagern, vorbereiten
kochen, bereitstellen, reinigen

Output

Ergebnis

Servierfertiges Mittagsmenü

Beispiel: Dienstleistung „Bereitstellen eines Seminarraumes"

Input

Mensch
Reinigungs-/Servicemitarbeiter, Empfangs-/Verwaltungsmitarbeiter, technische Mitarbeiter

Betriebsmittel
Betriebsgebäude, Seminarraum, Tische, Stühle, Flipchart, Moderationswände, Overhead-projektor, Beamer, Leinwand, Reinigungswagen, Staubsauger

Arbeitsmittel
Reinigungsmittel, Reinigungstextilien, Hygieneartikel, Moderationswände, Moderations-wandpapier, Moderationskarten, Pinnadeln, Flipchartpapier, Ersatzbirnen

Produktion

Umwandlung und Kombination

reinigen, Material auffüllen
Tische, Stühle, Medien richten

Output

Ergebnis

fertiger Seminarraum

Beispiel: Dienstleistung „Diätberatung eines Patienten"

Input

Mensch
Diätetisch geschulte Köchin

Betriebsmittel
Betriebsgebäude, Büro, PC

Arbeitsmittel
Fachliteratur, Papier, Schreibmaterial, Informationsbroschüren

Dienstleistungserbringung

Umwandlung und Kombination

patientenbezogenes Ernährungsprogramm erarbeiten,
Patienten beraten

Output

Ergebnis

informierter Patient

Kapitel 2

Personalmanagement

2.1 Aufgaben des Personalmanagements

Der einzelne Mensch, der Mitarbeiter, allgemein: das Personal erstellt hauswirtschaftliche Produkte und Dienstleistungen:

- die Hauswirtschafterin versorgt einen Wohnbereich
- der Koch produziert das Essen
- die Spülkraft bedient die Spülmaschine
- der Techniker wartet Maschinen
- der Mitarbeiter des Hol- und Bringedienstes transportiert Wäsche
- die Reinigungskraft reinigt Toiletten
- die stellvertretende Hauswirtschaftsleitung prüft die Reinigungsarbeiten

Ziel des Personalmanagements ist es, sicherzustellen, dass die

- Mitarbeiter in ausreichender Zahl
- mit angemessener Qualifikation
- zum richtigen Zeitpunkt

zur Verfügung stehen, damit die Dienstleistungen wirtschaftlich und kundenorientiert erbracht werden können.

Daraus leiten sich folgende Aufgaben des Personalmanagements ab:

Aufgaben des Personalmanagements

- Personalplanung
- Personalbeschaffung
- Personalfreisetzung
- Personalentwicklung
- Personalbeurteilung
- Personalführung
- Personalverwaltung

Im Rahmen dieses Kapitels werden die

- Personalplanung
- Personalbeschaffung
- Personalfreisetzung

dargestellt. Ausführungen zu den Themen

- Personalentwicklung
- Personalbeurteilung
- Personalführung

finden Sie im Kapitel „Mitarbeiterführung und Zusammenarbeit im Betrieb" in Karin Beuting-Lampe: „Ausbilden in der Hauswirtschaft".

Die Personalverwaltung ist ein Spezialgebiet für Personalkaufleute und wird deshalb hier nicht näher beleuchtet.

2.2   Personalplanung

Damit Sie für das Tagesgeschäft immer die richtigen Mitarbeiter am richtigen Platz zur Verfügung haben, müssen Sie im Voraus sorgfältig planen.

Die Personalbedarfsplanung befasst sich mit

- der Qualität der Mitarbeiter (Anforderungen an die Qualifikation)
- der Quantität der Mitarbeiter (Anforderungen an die Anzahl).

Das Ergebnis der Bedarfsplanung ist der Stellenplan. Hierbei handelt es sich um eine mittel- und langfristige Planung.

Die Personaleinsatzplanung befasst sich mit

- der Arbeitsplanung
- der Dienstplanung.

Das Ergebnis der Personaleinsatzplanung ist der Dienstplan. Hier handelt es sich um eine kurz- oder mittelfristige Planung (meist monatlich oder wöchentlich).

2.3   Personalbedarfsplanung

2.3.1   Einflussfaktoren auf den Personalbedarf

Wenn ein Unternehmen erstmalig in Betrieb geht, müssen Sie eine grundlegende Personalbedarfsplanung erstellen. Sind Sie in einem oder kommen Sie in einen laufenden Betrieb, wird die einmal erstellte Bedarfsplanung fortgeführt und angepasst.

Welcher Personalbedarf für einen hauswirtschaftlichen Betrieb besteht, hängt von unternehmensinternen und -externen Einflussfaktoren ab:

Interne Einflussfaktoren:

- Unternehmenspolitik und -ziele
- Kundenzielgruppe
- konzeptionelle Grundlagen
- Leistungsbeschreibung
- technischer Stand der Arbeitsmittel
- soziale Aspekte der Personalarbeit
- Arbeitsorganisation

Externe Einflussfaktoren:

- gesellschaftspolitische Entwicklungen
- gesetzliche Rahmenbedingungen
- Tarifverträge
- technische Entwicklungen

Die erste Aufgabe bei der Bedarfsplanung ist es, diese Einflussfaktoren für Ihre Einrichtung zu analysieren.

Beispiele für die Analyse von Einflussfaktoren
für eine Wohneinrichtung für Behinderte und für ein Tagungshaus

Einflussfaktor	Wohneinrichtung für Menschen mit Behinderungen	Kirchliches Tagungshaus
Unternehmensziele	selbstständige Lebensweise fördern	Lern- und Freiräume für kirchliche Gruppen anbieten
Kundenzielgruppe	Menschen mit Behinderungen	kirchliche und nicht-kirchliche Gruppen
konzeptionelle Grundlagen	Selbsthilfe	Service
Leistungs-beschreibung	gering ausgeprägt	konkrete Vorgaben mit hohem Leistungsumfang
technischer Stand der Arbeitsmittel	Privathaushaltsstandard	gewerblicher Standard
soziale Aspekte der Personalarbeit	versicherungspflichtige Beschäftigung von Menschen mit Behinderungen	bezahlte Pausen bei Sonderveranstaltungen
Arbeitsorganisation	gering organisiert	straff organisiert
gesellschaftspolitische Entwicklungen	Übergang vom Leben in Heimen in eigenverantwortliches Wohnen mit geringem Bedarf an Hilfe und Beratung	veränderte Kaufkraft bei den Tagungsgästen
gesetzliche Rahmenbedingungen	veränderte Sozialgesetzgebung	Brandschutzauflagen
Tarifverträge	schreiben maximale regelmäßige Wochenarbeitszeit fest	
technische Entwicklungen	Entwicklung von behinderten-gerechten Gebrauchsgegen-ständen	elektronisch gesteuerte Tür-öffner für spät anreisende Gäste

Jeder Einflussfaktor wirkt sich auf den jeweiligen Personalbedarf aus. Dazu einige Beispiele:

- Wenn spätanreisende Gäste einen Code erhalten, mit dem sich die Tür elektronisch öffnen lässt, ist am Empfang eines Tagungshauses keine Spät- oder Nachtbesetzung notwendig.
- Je umfangreicher die Auflagen für den gesetzlichen Brandschutz sind, desto höher ist der Zeit- und Fachbedarf für den Haustechniker.
- Wird eine professionelle Bügelstation eingesetzt, ist der Personalbedarf in der hauseigenen Wäscherei deutlich geringer, als wenn ein haushaltsübliches Dampfbügeleisen verwendet wird.

2.3.2   Anforderungsprofil

Im nächsten Schritt

- analysieren Sie die anfallenden Tätigkeiten und Aufgaben
- legen Sie fest, für welche Aufgaben Fachkräfte, für welche Aufgaben angelernte Kräfte zum Einsatz kommen müssen
- fassen Sie gleiche Aufgabenbereiche zu Stellen zusammen
- und erstellen Anforderungsprofile für diese Stellen.

Im Anforderungsprofil legen Sie fest, welche Voraussetzungen ein Mitarbeiter für die jeweilige Stelle, die er ausfüllen soll, mitbringen muss. Es enthält Aussagen zu:

- Tätigkeitsbezeichnung
- Ausbildung und Berufserfahrung
- Aufgabengebiet
- Fachkompetenzen und persönliche Kompetenzen

Anforderungsprofil für eine hauswirtschaftliche Wohnbereichsmitarbeiterin		
Tätigkeitsbezeichnung	Hauswirtschaftliche Wohnbereichsmitarbeiterin	
Ausbildung	Schulabschluss	Hauptschulabschluss erwünscht
	Berufsabschluss	erwünscht, aber nicht Bedingung, z. B. Hauswirtschafterin
Berufserfahrung	ca. ein Jahr in Alten- und Pflegeheim oder mehrere Jahre Familientätigkeit	
Aufgabengebiet	Hauswirtschaftliche Aufgaben im Wohnbereich • Versorgung der Wohnbereichsküche • Speisenverteilung, Wäscheverteilung • Reinigungsarbeiten in den Funktionsräumen • Mithilfe bei der Wohnraumgestaltung • Kundenkontakt	
Anforderungen an die Fachkompetenz	• Kenntnisse in Hygiene, Reinigung und Umweltschutz • Geschick im Umgang mit Geräten und Maschinen • Grundkenntnisse Speisenversorgung • Grundkenntnisse Demenz	
Persönliche Anforderungen	• ordentliches Erscheinungsbild • hohes Einfühlungsvermögen • körperlich und psychisch belastbar • lernbereit, teamfähig und zuverlässig • gute Verständigung in Deutsch • Bereitschaft zu Schicht- und Wochenenddienst	

Anforderungsprofil für eine Leitung der Hauswirtschaft		
Tätigkeitsbezeichnung	Leitung der Hauswirtschaft	
Ausbildung	Schulabschluss	Fachhochschulreife
	Berufsabschluss	Hauswirtschaftliche Betriebsleiterin oder Meisterin der Hauswirtschaft oder Dipl. Ökotrophologin
Berufserfahrung	mindestens 3 Jahre	
Aufgabengebiet	Gesamtleitung der Hauswirtschaft mit den Teilbereichen Speisenversorgung, Wäsche, Reinigung, Wohnumfeldgestaltung und hauswirtschaftliche Betreuung ▪ Budgetverantwortung ▪ Materialwirtschaft ▪ Personalmanagement ▪ Qualitätsmanagement ▪ Hygienemanagement ▪ Hauswirtschaftliche Ausbildung ▪ Kundenkontakt	
Anforderungen an die Fachkompetenz	▪ fundierte hauswirtschaftliche Fachkenntnisse ▪ betriebswirtschaftliche Kenntnisse ▪ Kenntnisse der einschlägigen Gesetze ▪ Führungskompetenz ▪ Planung, Organisation und Kontrolle ▪ Kenntnisse im Qualitätsmanagement ▪ Ausbildereignung	
Persönliche Anforderungen	▪ sicheres Auftreten ▪ positives Erscheinungsbild ▪ kundenorientiert ▪ selbstständig ▪ kommunikationsstark ▪ durchsetzungsstark ▪ team- und kritikfähig ▪ verantwortungsbewusst ▪ Bereitschaft zu Fort- und Weiterbildung ▪ belastbar ▪ zuverlässig ▪ motivierend ▪ kreativ ▪ sichere Rechtschreibung	

2.3.3   Berechnung des Personalbedarfs

Nachdem Sie festgelegt haben, welche Mitarbeiter in der hauswirtschaftlichen Abteilung gebraucht werden, ermitteln Sie die Anzahl der benötigten Mitarbeiter. Der gesamte Bedarf errechnet sich über die Formel

Bruttobedarf = Einsatzbedarf + Reservebedarf
oder
Bruttoarbeitszeit = Nettoarbeitszeit + Ausfallzeit

Der Einsatzbedarf sagt aus, wie viele Mitarbeiter anwesend sein müssen, um den feststehenden Arbeitsumfang zu leisten. Der Reservebedarf sagt aus, wie viele Mitarbeiter benötigt werden, um Ausfallzeiten abzudecken.

Berechnung des Bruttobedarfs

für einen Einsatzbedarf von 5.000 Stunden bei einer regelmäßigen Wochenarbeitszeit von 40 Std.

Schritt 1: Nettoarbeitszeit eines Mitarbeiters in Stunden ermitteln

1 Jahr hat 52,14 Wochen (365 Tage : 7 Tage/Woche = 52,14 Wochen)

Bruttoarbeitszeit eines Mitarbeiters

40 Std. x 52,14 Wochen	2.086,0 Std.
– 9 Feiertage	72,0 Std.
– 30 Urlaubstage	240,0 Std.
– 2 Fortbildungstage	16,0 Std.
– 3 % Krankheit	62,5 Std.
= Nettoarbeitszeit eines Mitarbeiters	1.695,5 Std.

Schritt 2: Ausfallzeit (= Reservebedarf) eines Mitarbeiters in Stunden ermitteln

Bruttoarbeitszeit – Nettoarbeitszeit = Ausfallzeit

2.086,0 Std.   – 1.695,5 Std.   = 390,5 Std.

Schritt 3: Ausfallzeit eines Mitarbeiters in Prozent ermitteln

$$\text{Ausfallzeit} = \frac{390,5 \times 100}{1.695,5} = 23,0$$

Die Ausfallzeit beträgt in diesem Beispiel 23 % der Nettoarbeitszeit.

Schritt 4: Bruttobedarf errechnen

Bruttobedarf = Einsatzbedarf + Reservebedarf
            = 5.000 Std.   + 23 % von 5.000 Std.
            = 5.000 Std.   + 1.150 Std.
            = 6.150 Std.

Der Bruttobedarf beträgt 6.150 Std.

Wenn Sie den Bruttobedarf errechnet haben, können Sie die Anzahl der Vollzeitkräfte (VZK) errechnen.

Errechnung der VZK bei einem Bruttobedarf von 6.150 Stunden

Bruttoarbeitszeit eines Mitarbeiters:

40 Std. x 52,14 Wochen = 2.086 Std.

Bruttobedarf : Bruttoarbeitszeit = Anzahl der VZK

6.150 : 2086   **= 2,9 VZK**

Die entscheidende Kennzahl für die Berechnung der benötigten Vollzeitkräfte ist also der Einsatzbedarf. Um diese für den hauswirtschaftlichen Arbeitsumfang zu ermitteln, gibt es verschiedene Wege:

- Sie greifen auf Kennzahlen in der Literatur zurück
- Sie ermitteln eigene Kennzahlen
- Sie vergleichen ähnliche Einrichtungen und lehnen sich an diese an

Kennzahlen für stationäre Altenhilfeeinrichtungen finden Sie z. B. in: „Qualitätssicherung und Personalausstattung in der Hauswirtschaft und im Schnittstellenbereich Hauswirtschaft/Pflege von stationären Altenhilfeeinrichtungen – Eine empirische Untersuchung", Herausgeber: Bayerisches Staatsministerium für Arbeit und Sozialordnung, Familien und Frauen

Die dort veröffentlichten Zahlen beruhen auf Zeitaufnahmen, die an bestimmte Bedingungen der detailliert beschriebenen Einrichtungen geknüpft sind. Folgendes Beispiel lehnt sich an die dort ermittelten Kennzahlen an.

Personalbedarf für ein Alten- und Pflegeheim mit 42 Bewohnern

	Netto-AZ	Brutto-AZ	VZK	P-Sch
Reinigung	4.263	5.243	2,5	1 : 16,8
Wäsche	1.876	2.307	1,1	1 : 38,2
Küche	5.115	6.291	3,0	1 : 14,0
Leitung	341	419	0,2	1 : 210,0
Gesamt	**11.595**	**14.260**	**6,8**	**1 : 6,2**

AZ = Arbeitszeit   VZK = Vollzeitkraft   P-Sch = Personalschlüssel

Wenn also auf 6,2 Bewohner 1 Mitarbeiter der Hauswirtschaft kommt, können Sie bei 42 Bewohnern 6,8 VZK einsetzen. Für die Besetzung der VZK gibt es verschiedene Möglichkeiten.

Wenig sinnvoll ist es z. B., die 2,5 VZK lediglich auf zwei Reinigungskräfte mit 100 % und eine Reinigungskraft mit 50 % Beschäftigungsumfang = 250 % aufzuteilen. Da der Reinigungsbedarf vor allem am Vormittag – und das an sechs bis sieben Tagen pro Woche – abgedeckt werden muss, ist es besser, die 2,5 VZK auf z. B. fünf Mitarbeiter zu verteilen (s. folgende Tabelle).

Stellenplan für ein Alten- und Pflegeheim mit 42 Bewohnern

	VZK	BruttoAZ/ Woche	Stellenbesetzung	
Reinigung	2,5	100 Std.	1 Vorarbeiterin	à 30 Std.
			2 Reinigungskräfte	à 20 Std.
			2 Reinigungskräfte	à 15 Std.
Wäsche	1,1	44 Std.	1 Wäschereimitarbeiterin	à 30 Std.
			1 Wäschereimitarbeiterin	à 14 Std.
Küche	3,0	120 Std.	1 Küchenleitung	à 32 Std.
			1 Hauswirtschafterin	à 30 Std.
			2 Küchenhilfen	à 20 Std.
			2 Küchenhilfen	à 9 Std.
Leitung	0,2	8 Std.	1 Hauswirtschaftsleitung	à 8 Std.
Gesamt	**6,8**	**272 Std.**		

Da es nicht praktikabel ist, eine Hauswirtschaftsleitung mit 8 Wochenstunden einzustellen, wird hier die Küchen- und Hauswirtschaftsleitung in Personalunion besetzt, sodass eine Vollzeitstelle mit 40 Stunden entsteht.

Es ist aber auch denkbar, dass eine Hauswirtschaftsleitung für mehrere Alten- und Pflegeheime eines Trägers verantwortlich ist. Hätte ein Träger fünf Einrichtungen dieser Größe, so könnte er eine Hauswirtschaftsleitung als Vollzeitkraft mit der Leitung dieser Einrichtungen betrauen.

Da die in der Literatur veröffentlichten Kennzahlen nur Richtwerte sein können, ist die sicherste, aber auch aufwändigste Methode die der Selbstermittlung. Dies ist nur im laufenden Betrieb möglich, nicht bei Neueröffnung einer Einrichtung.

2.3.4 Beispiel Personalbedarfsrechnung Reinigung

Das Beispiel für die Personalbedarfsrechnung Reinigung stammt aus dem Tagungszentrum Hohenheim der Akademie der Diözese Rottenburg-Stuttgart. Die folgenden Tabellen zeigen

- Zeitaufnahme Reinigung einer Etage mit 12 Gästezimmern durch zwei Mitarbeiterinnen
- Zeitaufnahme Reinigung eines Gästezimmers ohne Rüst- und Wegezeiten
- Auswertung

Voraussetzungen für eine Zeitaufnahme im eigenen Betrieb sind:

- Die Zeit wird von einer begleitenden Person gemessen, nicht von den Mitarbeitern selbst. Die Reinigungskräfte würden zu viel Zeit für die Zeitmessung verlieren und das Ergebnis wäre zu ungenau.
- Die Reinigungskräfte müssen darüber informiert werden, zu welchem Zweck die Zeitmessung durchgeführt wird. Sie sollen zudem ihr normales Arbeitstempo beibehalten, also für den Zeitpunkt der Messung nicht besonders schnell oder besonders langsam arbeiten.

Reinigung einer Etage mit 12 Gästezimmern, zwei Mitarbeiterinnen

Rahmenbedingungen

- 1 belegtes Zimmer
- 7 Zimmer, die am laufenden Tag belegt werden
- 3 Zimmer, die am nächsten Tag belegt werden
- 1 Zimmer, das frei bleibt und für eine spätere gründliche Reinigung liegen bleibt.

Belegungsplan

- Zimmer 121   Anreise morgen
- Zimmer 122   bleibt frei, wird zurückgestellt
- Zimmer 123   belegt
- Zimmer 124   Anreise heute
- Zimmer 125   Anreise heute
- Zimmer 126   Anreise heute
- Zimmer 127   Anreise heute
- Zimmer 128   Anreise heute
- Zimmer 129   Anreise heute
- Zimmer 130   Anreise heute
- Zimmer 131   Anreise morgen
- Zimmer 132   Anreise morgen

Zimmergröße: 16 m^2 , davon 2,89 m^2 Bad

In allen Zimmern bis auf Zi 122 waren die Betten am Vortag (Sonntag) abgezogen.

Der dazugehörige Prozessablauf mit Zimmerliste, Arbeitsanweisung und Reinigungsplan ist im Kapitel 4 „Qualitätsmanagement" beschrieben.

Mitarbeiterin 1		Mitarbeiterin 2	
Tätigkeit	**Dauer in Min.:Sek.**	**Tätigkeit**	**Dauer in Min.:Sek.**
Wegezeit zur Wäscherei	1:00	Wegezeit zur Wäscherei	1:00
Maschine mit Frotteewäsche bestücken	1:30	Reinigungstextilien zur Zimmerreinigung richten	1:30
Wegezeit zur 1. Etage	0:30	Wegezeit zur 1. Etage	0:30
Wagen mit Bettwäsche richten	2:15	Wagen mit Bettwäsche richten	2:15
Zi 122 Bett abziehen, beziehen	2:30	Zi 122 Bett abziehen, beziehen	2:30

Mitarbeiterin 1		Mitarbeiterin 2	
Tätigkeit	**Dauer in Min.:Sek.**	**Tätigkeit**	**Dauer in Min.:Sek.**
Zi 124–132 (9 Zimmer) lüften, Abfall in Papierkorb, Betten beziehen, Süßes und Flyer auf Kopfkissen, Toilette abziehen	22:30	Zi 124–132 (9 Zimmer) lüften, Abfall in Papierkorb, Betten beziehen, Süßes und Flyer auf Kopfkissen, Toilette abziehen	22:30
Wegezeit zum Reinigungs-raum	0:45	Wegezeit zum Reinigungs-raum	0:45
Reinigungswagen richten	3:00	fehlendes Material im Keller holen	3:00
Zi 124–130 (7 Zimmer) Dusche und Waschbecken reinigen	37:20	Zi 124–130 (7 Zimmer) Toiletten reinigen, Zimmer reinigen	37:20
Wagen zur Endbestückung richten, Reinigungsflotte richten	2:00	Wagen zur Endbestückung richten	2:00
Zi 124–130 (7 Zimmer) bestücken, wischen, End-kontrolle durchführen	13:00	Zi 124–130 (7 Zimmer) Boden in Zimmern mit dazugehörigem Flur saugen	13:00
Zi 131–132 (2 Zimmer) Dusche und Waschbecken reinigen, bestücken, wischen, Endkontrolle durchführen	17:00	Zi 131–132 (2 Zimmer) Toiletten reinigen, Zimmer reinigen, saugen mit dazugehörigem Flur	17:00
Weg zu Zi 121 und 123	1:00	Weg zu Zi 121 und 123	1:00
Zi 123 tägliche Reinigung (belegtes Zimmer)	4:30	Zi 123 tägliche Reinigung (belegtes Zimmer)	4:30
Zi 121 komplette Reinigung wie Zi 131–132	9:10	Zi 121 komplette Reinigung wie Zi 131–132	9:10

Mitarbeiterin 1		Mitarbeiterin 2	
Tätigkeit	**Dauer in Min.:Sek.**	**Tätigkeit**	**Dauer in Min.:Sek.**
Wagen abrüsten, aufräumen	5:30	Wagen abrüsten, aufräumen	5:30
Wegezeit in den Keller	1:00	Wegezeit in den Keller	1:00
Waschmaschine und Trockner bedienen	4:10	Geschirr aus Zimmern in Küche entsorgen Reinigungstücher von Wäschespinne nehmen	4:10
Besprechung an Rezeption	2:00	Besprechung an Rezeption	2:00
Summe	**130:40**	Summe	**130:40**

Reinigung eines Gästezimmers ohne Rüst- und Wegezeiten

Tätigkeit	Dauer in Min.:Sek.
Lüften, Abfall entsorgen, Geschirr und Getränke einsammeln, Toilette abziehen	0:38
Bett abziehen	1:00
Bett beziehen	3:00
Dusche mit Armaturen, Kacheln, Duschwanne und Duschtür innen und außen reinigen Waschbecken, Spiegel, Ablage, Armaturen, Kacheln im Spritzbereich reinigen	5:30
Toilette mit Armaturen und Kacheln im Spritzbereich reinigen	1:35
Zimmer reinigen lt. Arbeitsanweisung	3:30
Zimmer mit Frotteehandtüchern, Toilettenpapier, Getränken, Gläsern, Preisliste bestücken	0:35
Zimmer saugen mit dazugehörigem Flur	1:50
Bad wischen, Endkontrolle durchführen	1:50
Summe	**19:28**

Auswertung

Für die Berechnung des durchschnittlichen Zeitbedarfs für die Reinigung und Bereitstellung eines Gästezimmers im Neubautrakt auf der Basis von 10 Gästezimmern ergeben sich unter der Berücksichtigung von Wege- und Rüstzeiten folgende Werte:

Tätigkeit	Zeit in Min.:Sek.
10 Gästezimmer reinigen und bereitstellen (Betten, Zimmer, Bad)	194:40
Wegezeiten	8:30
Rüstzeiten (Wäsche, Reinigungswagen)	36:50
Besprechungszeit an der Rezeption	4:00
Summe des Zeitbedarfs für die Reinigung und Bereitstellung von 10 Gästezimmern	**244:00**

Daraus ergibt sich für die Reinigung und Bereitstellung von einem Gästezimmer ein durchschnittlicher Zeitbedarf von

- 24,4 Minuten bzw. 24:24 Minuten

Für die belegten Zimmer wurde ein Zeitbedarf von 9:00 Minuten (s. S. 29, Reinigung Zimmer 123) ermittelt.

Um den jährlichen Zeitbedarf zu ermitteln, müssen nun noch die Belegungszahlen und der Zeitbedarf für die jährliche Grundreinigung herangezogen werden.

Formel zur Berechnung des Nettopersonalbedarfs

Zeitbedarf für alle Anreisezimmer
+ Zeitbedarf für alle belegten Zimmer
+ Zeitbedarf für eine jährliche Grundreinigung/Zimmer
= Nettopersonalbedarf für die Reinigung/Jahr

In einem Jahr verzeichnete die Akademie

- 4.705 zu reinigende Zimmer für Anreisen und
- 9.614 Übernachtungen und somit
- (9.614 − 4.705) = 4.909 zu reinigende belegte Zimmer

Die Akademie verfügt über 58 Zimmer. Der Zeitbedarf für die Grundreinigung beträgt 50 Minuten für jedes Zimmer.

Einsatzbedarf für Anreisezimmer: 4.705 x 24,4 Minuten = 114.802 Minuten

Einsatzbedarf für belegte Zimmer: 4.909 x   9 Minuten   =   44.181 Minuten

Einsatzbedarf für Grundreinigung: 58 x 50 Minuten = 2900 Minuten

Somit errechnet sich der gesamte Einsatzbedarf:

Einsatzbedarf = 114.802 Minuten + 44.181 Minuten + 2.900 = 161.883 Minuten

Für diesen Einsatzbedarf errechnet sich folgender Bruttobedarf:

Bruttobedarf Reinigung und Bereitstellung von Gästezimmern

Bruttobedarf = Einsatzbedarf + Reservebedarf

Der Reservebedarf beträgt 23 % des Einsatzbedarfes (s. S. 25).

So ergibt sich für den Bruttobedarf:

Bruttobedarf = 161.883 min + 23 % von 161.883 min
$$= 199.116 \text{ min/Jahr}$$
$$= 3.319 \text{ Std./Jahr}$$
$$= 63,6 \text{ Std./Woche}$$

Ergebnis: Der Bruttobedarf für die Reinigung und Bereitstellung der Zimmer beträgt im Durchschnitt 63,6 Std./Woche.

Auf dieselbe Weise lassen sich die Zeiten für die Reinigung der Veranstaltungsräume und der öffentlichen Räume errechnen.

Um den gesamten Personalbedarf zu berechnen, ist noch die Leitungskraft mit 40 Stunden/Woche zu addieren, die ausschließlich für Gästezimmer, Seminarräume und öffentliche Räume zuständig ist.

Bruttopersonalbedarf Hauswirtschaft (ohne Küche)

Bruttobedarf Gästezimmer	63,6 Stunden/Woche
+ Bruttobedarf Veranstaltungsräume	58,4 Stunden/Woche
+ Bruttobedarf Öffentliche Räume	38,0 Stunden/Woche
+ Bruttobedarf Hauswirtschaftsleitung	40,0 Stunden/Woche
= Bruttobedarf Hauswirtschaft	200,0 Stunden/Woche
	= 5 VZK

2.3.5 Beispiel Personalbedarfsrechnung Reinigung stationäre Einrichtung

In stationären Einrichtungen, in denen ein eher gleich bleibender Reinigungsbedarf besteht, empfiehlt sich für die Berechnung des Personalbedarfs eine andere Vorgehensweise als für ein Tagungshaus.

Fünf Schritte zur Ermittlung des Personalbedarfs für die Reinigung in stationären Einrichtungen

Schritt 1: Erfassung der zu reinigenden Flächen nach Raumgruppen

Schritt 2: Ermittlung der m^2-Leistung/Std. für jede Raumgruppe

Schritt 3: Ermittlung der monatlich zu reinigenden Fläche

Schritt 4: Ermittlung des monatlichen Zeitbedarfs

Schritt 5: Ermittlung der benötigten Vollzeitkräfte und des Personalschlüssels

---

Schritt 1:
Erfassung der zu reinigenden Flächen nach Raumgruppen

Innerhalb einer Raumgruppe besteht ein ähnlicher oder sogar gleicher Reinigungsaufwand:

- gleiche Bodenarten
- gleiche Überstellung des Raums mit Mobiliar u.a.
- gleiche Reinigungsstandards
- gleicher Reinigungsrhythmus
- somit gleicher Personalbedarf pro m^2

Die Gesamtaufstellung der Räume mit ihren zu reinigenden Flächen heißt Raumbuch.

Zusammenfassung der Raumgruppen einer stationären Einrichtung mit 62 Bewohnern (gerundete Zahlen)

Raumgruppe	Fläche in m^2
Bewohnerzimmer	800
Sanitärräume	430
Aufenthaltsräume	580
Speiseräume	80
Flure und Eingangshalle	600
Treppenhaus und Aufzüge	500
Verwaltungsräume	300
Lager-, Abfall- und Abstellräume	40

Schritt 2:
Ermittlung der m²-Leistung/Std. für jede Raumgruppe

Exakte Werte ermitteln Sie hier, wenn Sie – wie im vorhergehenden Beispiel beschrieben – eine eigene Zeitaufnahme durchführen.

Berechnung der m²-Leistung/Std.

In der Zeitaufnahme ermitteln Sie, dass eine Reinigungskraft 6 Minuten für die Unterhalts-reinigung eines Bewohnerzimmers von 13 m² benötigt.

Mit Hilfe des Dreisatzes errechnen Sie die Leistung,

die sie in 1 Std. (60 Minuten) erbringt:

In 60 Minuten reinigt sie

$$\frac{13 \text{ m}^2 \times 60 \text{ Minuten}}{6 \text{ Minuten}} = 130 \text{ m}^2$$

Die m²-Leistung für die Raumgruppe Bewohnerzimmer beträgt 130 m²/Std.

Auf diesem Weg können Sie für jede Raumgruppe die m²-Leistung/Std. errechnen.

Beispiel Aufstellung der m²-Leistung/Std. für alle Raumgruppen

Raumgruppe	m²-Leistung/Std.
Bewohnerzimmer	130
Sanitärräume	60
Aufenthaltsräume	140
Speiseräume	120
Flure und Eingangshalle	320
Treppenhaus und Aufzüge	150
Verwaltungsräume	150
Lager-, Abfall- und Abstellräume	210

Schritt 3:
Ermittlung der monatlich zu reinigenden Fläche

Um die zu reinigende Fläche pro Monat für jede Raumgruppe zu ermitteln, müssen Sie den je-weiligen Reinigungsturnus festlegen.

Dieser wird üblicherweise als Wochenturnus ausgedrückt.

Mit dem Wochenturnus errechnen Sie den Monatsfaktor. Der Monatsfaktor besagt, wie häufig die Raumgruppe im Monat gereinigt wird.

Wenn Sie die zu reinigenden Flächen der jeweiligen Raumgruppe mit dem dazugehörigen Monatsfaktor multiplizieren, haben Sie die gesamte zu reinigende Fläche pro Monat ermittelt.

Berechnung Monatsfaktor und monatlich zu reinigende Fläche

Wochenturnus 1 bedeutet: 1 x Reinigung pro Woche

Da ein Monat statistisch 4,35 Wochen hat,
(365 Tage:7 Tage/Woche:12 Monate = 4,35 Wochen)
beträgt der Monatsfaktor 4,35,
d.h. die Fläche wird 4,35 mal im Monat gereinigt.

Der Monatsfaktor 4,35 dient als Grundlage zur Berechnung aller anderen Monatsfaktoren. Sie errechnen sich nach der Formel

Wochenturnus x 4,35 = Monatsfaktor

Wenn Sie die Fläche einer Raumgruppe mit dem Monatsfaktor multiplizieren, erhalten Sie die monatlich zu reinigende Fläche.

Beispiel Bewohnerzimmer:

Fläche   800 m²
Wochenturnus 3
Monatsfaktor   3 x 4,35 = 13

Monatlich zu reinigende Fläche = 800 m² x 13 = 10.400 m²

Beispiel Ermittlung der monatlich zu reinigenden Fläche

Raumgruppe	Fläche in m²	Turnus/ Woche	Monats- faktor	monatliche Fläche
Bewohnerzimmer	800	3	13,0	10.400
Sanitärräume	430	6	26,0	11.180
Aufenthaltsräume	580	4	17,4	10.092
Speiseräume	80	6	26,0	2.080
Flure und Eingangshalle	600	4	17,4	10.440
Treppenhaus und Aufzüge	500	4	17,4	8.700
Verwaltungsräume	300	1	4,35	1.305
Lager-, Abfall- und Abstellräume	40	1	4,35	174

Schritt 4:
Ermittlung des monatlichen Zeitbedarfs

Dividieren Sie die monatlich zu reinigende Fläche durch die m²-Leistung/Std., wissen Sie, wie hoch der monatliche Zeitbedarf pro Raumgruppe ist. Für die Raumgruppe Bewohnerzimmer gilt:

$$\frac{10.400 \text{ m}^2}{130 \text{ m}^2/\text{Std.}} = 80 \text{ Std.}$$

Raumgruppe	monatliche Fläche	m2-Leis- tung/Std.	monatlicher Zeitbedarf in Std.
Bewohnerzimmer	10.400	130	80,0
Sanitärräume	11.180	60	186,3
Aufenthaltsräume	10.092	140	72,1
Speiseräume	2.080	120	17,3
Flure und Eingangshalle	10.440	320	32,6
Treppenhaus und Aufzüge	8.700	150	58,0
Verwaltungsräume	1.305	150	8,7
Lager-, Abfall- und Abstellräume	174	210	0,8
Summe			**455,8**

Schritt 5:
Ermittlung der benötigten Vollzeitkräfte und des Personalschlüssels

Sie haben bis hierher für die Reinigung der stationären Einrichtung für 62 Bewohner einen monatlichen Einsatzbedarf von 455,8 Std. errechnet.

- Dividieren Sie diese Summe durch 4,35
  (1 Monat hat statistisch 4,35 Wochen)

- und dividieren Sie die errechnete Summe durch 40
  (1 Vollzeitkraft arbeitet 40 Std./Woche)

dann erhalten Sie die benötigte Anzahl von VZK für den Einsatzbedarf.

455,8 Std.: 4,35 = 104,78 Std./Woche

104,78 Std./Woche: 40 Wochenstunden = 2,6 VZK

Um den Bruttobedarf zu ermitteln, gehen Sie wie im vorhergehenden Beispiel vor.

Bruttobedarf Reinigung

Bruttobedarf = Einsatzbedarf + Reservebedarf

Der Reservebedarf beträgt 23 % des Einsatzbedarfes (s. S. 27).

So ergibt sich der folgende Bruttobedarf:

Bruttobedarf = 2,6 VZK + 23 % von 2,6 VZK = 3,2 VZK

Der Bruttobedarf beträgt 3,2 VZK

Hieraus errechnen Sie den Personalschlüssel:

62 Bewohner : 3,2 VZK = 19,4 Bewohner/VZK

Der Personalschlüssel beträgt   1 : 19,4

2.3.6 Beispiel: Personalbedarfsrechnung Wäscheversorgung Alten- und Pflegeheim

Die Berechnung des Personalbedarfs für die Wäscheversorgung in einem Alten- und Pflegeheim ist noch ein wenig aufwändiger.

Fünf Schritte zur Ermittlung des Personalbedarfs für die Wäscheversorgung

Schritt 1: Wäschezählung

Schritt 2: Ermittlung des durchschnittlichen Wäscheaufkommens pro Woche

Schritt 3: Ermittlung der Zeitbedarfs

Schritt 4: Ermittlung des durchschnittlichen Einsatzbedarfs pro Woche

Schritt 5: Ermittlung der benötigten Vollzeitkräfte

Schritt 1:
Wäschezählung

Zählen Sie zweimal jährlich zwei Wochen lang die verarbeitete Wäsche. Wählen Sie dafür wegen des unterschiedlich hohen Wäschebedarfs jeweils einen Zeitraum im Sommer und im Winter. Die Wäscheteile zählen Sie aus hygienischen Gründen erst, wenn sie gewaschen sind.

Folgende Tabelle zeigt einen Ausschnitt aus einer wöchentlichen Wäschezählliste.

Art der Textilien	Mo	Di	Mi	Do	Fr	Sa	Summe Anzahl	Summe in kg
Slips	153	113	115	82	117	65	645	55,5
Unterhemden	103	99	78	81	102	40	503	47,3
…								…
Summe								**1.020,0**

Für die Umrechnung von Stück in kg wiegen Sie einmalig z. B. 10 Slips. So erhalten Sie ein Durchschnittsgewicht der Wäscheteile. Folgende Tabelle zeigt exemplarisch einige Gewichte.

Art der Textilien	Gewicht in g/10 Stück	Ø Gewicht in g/Stück
Slips	860	86
Unterhemden	940	94
Nachthemden	2.500	250
Oberhemden/Blusen	3.200	320

Schritt 2:
Ermittlung des durchschnittlichen Wäscheaufkommens pro Woche

1. Woche Sommer	1.020 kg
2. Woche Sommer	1.140 kg
1. Woche Winter	1.317 kg
2. Woche Winter	1.403 kg
Summe	4.880 kg

4880 kg : 4 Wochen = 1.220 kg/Woche

Schritt 3:
Ermittlung des Zeitbedarfs

Parallel zum Wäschezählen ermitteln Sie zweimal jährlich zwei Wochen lang die Zeit, die benötigt wird, die Wäsche zu behandeln.

Wenn die Mitarbeiter der Wäscherei die Wäsche selbst zählen und ihre Bedarfszeiten selbst ermitteln, muss für die spätere Berechnung der Zeitaufwand für das Zählen und Aufschreiben subtrahiert werden. Das entfällt, wenn eine dritte Person zählt und aufschreibt.

Um die Arbeitszeiten zu erfassen, empfiehlt es sich, die Prozessschritte im Einzelnen zu betrachten.

Folgende Tabelle zeigt einen Auszug aus der wöchentlichen Zeiterfassung.

Prozessschritt	MA 1	MA 2	MA 3	Summe in min
gebrauchte Wäsche transportieren und zwischenlagern	...	...	...	...
Maschinen bestücken (Waschautomat und Trockner)				
Wäsche legen und sortieren				
Wäsche bügeln und sortieren				
Wäsche reparieren				
saubere Wäsche transportieren und verteilen				
Reinigungsarbeiten				
Maschinenpflege, Lagerarbeiten u. a.				
Patchen von neuen Wäscheteilen				
Summe				**5.754**

Schritt 4:
Ermittlung des durchschnittlichen Einsatzbedarfs pro Woche

1. Woche Sommer	5.754 min
2. Woche Sommer	5.843 min
1. Woche Winter	6.300 min
2. Woche Winter	6.343 min
Summe	24.240 min

24.240 min : 4 Wochen = 6.060 min/Woche

Schritt 5:
Ermittlung der benötigten Vollzeitkräfte

Bruttobedarf Wäscheversorgung

Bruttobedarf = Einsatzbedarf + Reservebedarf

Der Reservebedarf beträgt 23 % des Einsatzbedarfes (s. S. 27).

So ergibt sich für den Bruttobedarf:

Bruttobedarf = 6.060 min + 23 % von 6.060 min
= 7.454 min/Woche
=   124 Std./Woche

Ergebnis: Der Bruttobedarf für die Wäscheversorgung beträgt im Durchschnitt **124 Std./Woche.**

Dies entspricht **3,1 VZK**

Mithilfe der errechneten Ergebnisse der einzelnen Teilschritte lässt sich auch der Bruttobedarf pro kg errechnen:

Bruttobedarf pro Woche: 7.454 Minuten

Wäscheaufkommen pro Woche: 1.220 kg

Bruttobedarf pro kg Wäsche = 7.454 Minuten: 1.220 kg = 6 Minuten/kg Wäsche
oder
0,1 Std./kg Wäsche.

2.3.7 Beispiel: Personalbedarfsrechnung Küche

Als letztes Beispiel zur eigenen Personalbedarfsrechnung wird hier eine Berechnung für eine Küche in einem Alten- und Pflegeheim mit 125 Bewohnern dargestellt. Wie auch bei den vorhergehenden Beispielen gilt, dass in jeder Einrichtung abweichende Zahlen ermittelt werden, da die Einflussfaktoren in den Einrichtungen stark variieren.

Anhand von eigener Zeitaufnahme werden folgende durchschnittliche Bedarfe ermittelt.

Einsatzbedarf werktags

Anzahl	Mitarbeiter	Schicht	Anwesenheitszeit	Arbeitszeit
1	Küchenleiter	Frühdienst	8.00–14.30	6,0 Std.
1	Koch	Frühdienst	7.00–14.30	7,0 Std.
2	Küchenhilfen	Frühdienst	7.00–11.00	8,0 Std.
2	Küchenhilfen	Zwischendienst	11.00–15.00	8,0 Std.
1	Hauswirtschafterin	Abenddienst	15.00–19.00	4,0 Std.
2	Küchenhilfen	Abenddienst	16.00–19.00	6,0 Std.
	Summe			**39,0 Std.**

Einsatzbedarf sonntags

Anzahl	Mitarbeiter	Schicht	Anwesenheitszeit	Arbeitszeit
1	Koch	Frühdienst	7.00–14.30	7,0 Std.
2	Küchenhilfen	Frühdienst	7.00–11.00	8,0 Std.
1	Küchenhilfe	Zwischendienst	11.00–15.00	4,0 Std.
1	Hauswirtschafterin	Abenddienst	15.00–19.00	4,0 Std.
1	Küchenhilfe	Abenddienst	16.00–19.00	3,0 Std.
	Summe			**26,0 Std.**

Die Tätigkeiten werden im Einzelnen gemessen. Die folgende Aufstellung zeigt exemplarisch die Tätigkeiten

- des Kochs im Frühdienst
- und einer Küchenhilfe im Zwischendienst.

Tätigkeiten Koch Frühdienst (Arbeitsplan)

Uhrzeit	Tätigkeit	Dauer
7.00– 7.10	Kühlraumkontrollen	10 Min.
7.10– 7.30	Komponenten Frühstück bereitstellen	20 Min.
7.30– 8.30	Dessert zubereiten, portionieren, kühlen	60 Min.
8.30–10.00	Vorbereitung und Produktion Mittagessen	90 Min.
10.00–10.30	Pause	
10.30–11.00	Warenannahme, Lagerkontrollen	30 Min.
11.00–11.45	Produktion Mittagessen	45 Min.
11.45–12.45	Ausgabe Mittagessen	60 Min.
12.45–13.30	Versorgung Lebensmittelrücklauf	45 Min.
13.30–14.30	Vorbereitung von kalten Komponenten für das Abendessen, Kontrolle der Reinigungsarbeiten der Küchenhilfen	60 Min.
Summe		**420 Min = 7,0 Std.**

Tätigkeiten Küchenhilfe Zwischendienst (Arbeitsplan)

Uhrzeit	Tätigkeit	Dauer
11.00–12.00	Ausgabetheke und Salatbüffet richten, Tische eindecken	60 Min.
12.00–13.30	Servieren bzw. Hilfestellung leisten beim Essen, abräumen, Tische abwischen, Ausgabetheke und Salatbüffet reinigen	90 Min.
13.30–14.15	Kuchen schneiden und richten, Kaffee kochen, Kuchenbüffet richten	45 Min.
14.15–15.00	Kuchen in Wohnbereiche bringen, Reinigungsarbeiten	45 Min.
Summe		**240 Min. = 4,0 Std.**

Der wöchentliche Einsatzbedarf für die Küche errechnet sich aus

6 x Einsatzbedarf werktags + 1 x Einsatzbedarf sonntags

      6 x 39 Std.   + 1 x 26 Std.   = 260 Std.

Bruttobedarf Speisenversorgung

Bruttobedarf = Einsatzbedarf + Reservebedarf

Der Reservebedarf beträgt 23 % des Einsatzbedarfes (s. S. 27).

So ergibt sich für den Bruttobedarf:

Bruttobedarf = 260 Std. + 23 % von 260 Std. = 319,8 Std./Woche

Dies entspricht **8,0 VZK**

Die vier vorgestellten Beispiele zur eigenen Ermittlung des Personalbedarfs dienen zur Orientierung und sind keinesfalls kritiklos auf jede beliebige Einrichtung anzuwenden. Sie sollen die möglichen Schritte zur Errechnung des eigenen Bedarfs darstellen. Die tatsächlich erforderlichen Zeiten hängen von zu vielen Einflussfaktoren ab, als dass sie sich verallgemeinern lassen.

2.3.8 Fortschreibung des Personalbedarfs

Wenn Sie den Personalbedarf für Ihre Einrichtung festgelegt haben, ist es in regelmäßigen Abständen notwendig, diesen Plan fortzuschreiben. Ob Sie dies

- monatlich
- quartalsweise
- halbjährlich
- oder ganzjährlich

tun, hängt von der Größe und Art der Einrichtung ab.

Die Fortschreibung garantiert, dass der einmal ermittelte und realisierte Personalbestand den aktuellen realen Gegebenheiten angepasst wird. Dazu erstellen Sie für jeden Bereich eine Zugangs-Abgangs-Rechnung.

Zugangs-Abgangs-Rechnung

	Bestand	am Anfang der Planungsperiode
−	Abgänge	bis zum Ende der Planungsperiode
+	Zugänge	bis zum Ende der Planungsperiode
=	Bestand	am Ende der Planungsperiode

Diese könnte für einen Reinigungsdienst in einem Krankenhaus z. B. folgendermaßen aussehen:

Anfang der Planungsperiode: 01.07.
Ende der Planungsperiode: 30.09.

Bestand am 01.07.:   52 Reinigungskräfte

Abgänge:
3 Reinigungskräfte gehen in Ruhestand
2 Reinigungskräfte gehen in Elternzeit
bei 1 Reinigungskraft endet der befristete Arbeitsvertrag
1 Reinigungskraft wechselt in die Küche

Zugänge:
2 Reinigungskräfte kommen aus der Elternzeit zurück
1 Auszubildende wird übernommen
2 neue Reinigungskräfte beginnen ihren Dienst am 01.08.

Zugang-Abgangs-Rechnung Reinigungsdienst Krankenhaus

	Bestand	01.07	52
−	Abgänge	01.07. – 30.09.	− 7
+	Zugänge	01.07. – 30.09.	+ 5
=	Bestand	30.09.	= 50

Am 30.09. wird der Personalbestand 50 Reinigungskräfte betragen. Da der Bruttobedarf aber bei 52 liegt besteht ein Beschaffungsbedarf von 2 Reinigungskräften. Ebenso ist es möglich, dass der Bestand am Ende der Planungsperiode höher ist als am Beginn der Planungsperiode. In diesem Fall besteht ein Personalüberhang: Personal muss freigesetzt werden.

2.4 Personaleinsatzplanung

2.4.1 Von der Bedarfsplanung zur Einsatzplanung

Nachdem Sie in der Personalbedarfsplanung den quantitativen und qualitativen Personalbedarf festgestellt und einen Stellenplan erstellt haben (mittel- und langfristige Planung), planen Sie mit Arbeits- und Dienstplänen den konkreten Einsatz für das Tagesgeschäft (mittel- und kurzfristige Planung).

Ziel der Personaleinsatzplanung ist es, Arbeitsprozesse und Mitarbeiter so einzusetzen, dass die zugesicherte Leistung jederzeit erbracht werden kann. Dazu

- erstellen Sie zunächst Arbeitspläne
- planen dann einen Einsatzrhythmus
- erstellen einen Jahresrahmendienstplan
- und leiten daraus den monatlichen Dienstplan ab.

Am Beispiel „Hauswirtschaftliche Wohnbereichsmitarbeiterinnen in einem Alten- und Pflegeheim" werden diese Schritte exemplarisch erläutert.

Vorgaben

Errechneter Bruttopersonalbedarf:

5,6 VZK bei einer wöchentlichen Arbeitszeit von 40 Std.

Aufgaben der hauswirtschaftlichen Wohnbereichsmitarbeiterinnen:

- Speisenversorgung:
  Frühstück, Zwischenmahlzeiten, Mittagessen, Kaffee und Kuchen, Abendessen, Bereitstellen Nachtmahlzeit
- Wäscheversorgung:
  Bewohnerwäsche, Pflege- und Objektwäsche
- Gestaltung des Wohnumfeldes:
  Pflege der Pflanzen, jahreszeitliche Dekoration

Organisatorische Vorgaben:

- dreimal zwei nebeneinander liegende Wohnbereiche mit jeweils einer Wohnbereichsküche:
  WB 1 + 2   WB 3 + 4   WB 5 + 6
- eine Mitarbeiterin ist jeweils für zwei Wohnbereiche zuständig
- Stammbesetzung pro Wohnbereichspaar: 4 Mitarbeiterinnen
- 3 Springerinnen werden in allen sechs Wohnbereichen eingesetzt

Stellenplan hauswirtschaftliche Wohnbereichsmitarbeiterinnen

Stellenbesetzung			Gesamt-stunden
6	Mitarbeiterinnen	20 Std.	120
5	Mitarbeiterinnen	15 Std.	75
1	Mitarbeiterin	11 Std.	11
3	Mitarbeiterinnen	6 Std.	18
15	**Mitarbeiterinnen**		**224** **= 5,6 VZK**

2.4.2 Arbeitspläne

Arbeitsplan Frühdienst

Zeit	Tätigkeit
7.15–10.00 Uhr	▪ Frischwaren aus Produktionsküche holen ▪ Kaffee kochen, weitere Getränke zubereiten ▪ Milchsuppe kochen ▪ Tische im Speiseraum eindecken ▪ Büfett bestücken ▪ Tabletts für Zimmer richten und verteilen ▪ Bewohner beim Essen unterstützen ▪ Tabletts einsammeln ▪ Tische abräumen und reinigen ▪ Büfett abräumen und Lebensmittel entsorgen ▪ Geschirr spülen ▪ Spülmaschine reinigen ▪ Wohnbereichsküche aufräumen ▪ Reinigungsarbeiten nach Plan durchführen ▪ Zwischenmahlzeit bereitstellen
10.00–10.15 Uhr	Pause
10.15–11.45 Uhr	▪ Lebensmittel annehmen und einlagern ▪ Bewohnerwäsche in Zimmern verteilen ▪ Pflege- und Objektwäsche einlagern ▪ Blumenpflege, Pflege der ▪ Wohnraumdekoration ▪ Essenswünsche für den nächsten Tag erfragen ▪ Wünsche in Produktionsküche übermitteln

Zeit	Tätigkeit
11.45–13.15 Uhr	<ul><li>Tische und Büfett im Speiseraum eindecken</li><li>Mittagessen ausgeben</li><li>Tabletts für Zimmer richten und verteilen</li><li>Bewohner beim Essen unterstützen</li><li>Tabletts einsammeln</li><li>Tische und Büfett abräumen und reinigen</li><li>Geschirr spülen, Spülmaschine reinigen</li><li>Wohnbereichsküche aufräumen</li><li>Abfall entsorgen</li><li>Kaffee kochen, Kuchen bereitstellen</li></ul>

Arbeitsplan Spätdienst

Zeit	Tätigkeit
16.30–17.15 Uhr	<ul><li>Getränke im Wohnbereich auffüllen</li><li>Kaffeegeschirr spülen</li></ul>
17.15–19.30 Uhr	<ul><li>Tee kochen, weitere Getränke zubereiten</li><li>Milchsuppe kochen</li><li>Tische und Büfett im Speiseraum eindecken</li><li>Tabletts für Zimmer richten und verteilen</li><li>Bewohner beim Essen unterstützen</li><li>Tabletts einsammeln</li><li>Tische und Büfett abräumen und reinigen</li><li>Geschirr spülen, Spülmaschine reinigen</li><li>Wohnbereichsküche aufräumen</li><li>Nachtmahlzeit bereitstellen</li></ul>

2.4.3 Einsatzrhythmus

Der Einsatzplan sieht vor, dass sich im Frühdienst in jedem Wohnbereichspaar zwei Mitarbeiterinnen abwechseln.

Beide Mitarbeiterinnen arbeiten nach dem 14-tägigen Rhythmus:

- 3 Tage Dienst
- 3 Tage frei
- 4 Tage Dienst
- 4 Tage frei

in den folgenden 14 Tagen arbeiten Sie umgekehrt:

- 3 Tage frei
- 3 Tage Dienst
- 4 Tage frei
- 4 Tage Dienst

sodass sich folgender 4-wöchiger Rhythmus ergibt:

- 7 Tage Dienst
- 3 Tage frei
- 4 Tage Dienst
- 7 Tage frei
- 3 Tage Dienst
- 4 Tage frei

Im Spätdienst wechseln sich ebenfalls zwei Mitarbeiterinnen ab, wobei eine Mitarbeiterin von Montag bis Freitag und eine Wochenendkraft am Samstag und Sonntag arbeitet.

Somit ergibt sich für jedes Wohnbereichspaar folgender 4-wöchiger Rhythmus für den Früh- und Spätdienst:

MA	1. Woche							2. Woche						
	Mo	Di	Mi	Do	Fr	Sa	So	Mo	Di	Mi	Do	Fr	Sa	So
1	F	F	F	X	X	X	F	F	F	F	X	X	X	X
2	X	X	X	F	F	F	X	X	X	X	F	F	F	F
3	S	S	S	S	S	X	X	S	S	S	S	S	X	X
4	X	X	X	X	X	S	S	X	X	X	X	X	S	S

MA	3. Woche							4. Woche						
	Mo	Di	Mi	Do	Fr	Sa	So	Mo	Di	Mi	Do	Fr	Sa	So
1	X	X	X	F	F	F	X	X	X	X	F	F	F	F
2	F	F	F	X	X	X	F	F	F	F	X	X	X	X
3	S	S	S	S	S	X	X	S	S	S	S	S	X	X
4	X	X	X	X	X	S	S	X	X	X	X	X	S	S

F	Frühdienst 7.15–13.15 Uhr, samstags 7.15–13.00 Uhr
S	Spätdienst 16.30–19.30 Uhr
X	Frei

Um Ausfallzeiten abzudecken, werden neben der Stammbesetzung

- Mitarbeiter 1 und 2 im Frühdienst der Wohnbereiche 1 und 2
- Mitarbeiter 3 und 4 im Spätdienst der Wohnbereiche 1 und 2

- Mitarbeiter 5 und 6 im Frühdienst der Wohnbereiche 3 und 4
- Mitarbeiter 7 und 8 im Spätdienst der Wohnbereiche 3 und 4

- Mitarbeiter 9 und 10 im Frühdienst der Wohnbereiche 5 und 6
- Mitarbeiter 11 und 12 im Spätdienst der Wohnbereiche 5 und 6

die drei Springer eingesetzt.

Damit Sie einen Überblick haben, wer wann im Vertretungsfall wo eingesetzt werden kann, erstellen Sie sich eine tabellarische Aufstellung aller Mitarbeiter.

Hier verzeichnen Sie die

- regelmäßige Wochenarbeitszeit
- regelmäßigen Schichten
- den regelmäßigen Einsatzort
- und die Besonderheiten

Name	regelmäßige Wochen-AZ	regelmäßige Schicht	regelmäßiger Einsatzort	Besonderheiten
1	20 Std.	Frühdienst im 4-Wochenrhythmus	WB 1 + 2	Spätschicht auch möglich
2	20 Std.	Frühdienst im 4-Wochenrhythmus	WB 1 + 2	kann nur Frühschicht
3	15 Std.	Spätdienst Mo – Fr	WB 1 + 2	samstags auch möglich
4	6 Std.	Spätdienst Sa – So	WB 1 + 2	kann nur am Wochenende
5	20 Std.	Frühdienst im 4-Wochenrhythmus	WB 3 + 4	kann nur Frühschicht
6	20 Std.	Frühdienst im 4-Wochenrhythmus	WB 3 + 4	kann nur Frühschicht
7	15 Std.	Spätdienst Mo – Fr	WB 3 + 4	Frühschicht auch möglich
8	6 Std.	Spätdienst Sa – So	WB 3 + 4	kann nur am Wochenende
9	20 Std.	Frühdienst im 4-Wochenrhythmus	WB 5 + 6	Spätschicht auch möglich
10	20 Std.	Frühdienst im 4-Wochenrhythmus	WB 5 + 6	kann nur Frühschicht
11	15 Std.	Spätdienst Mo – Fr	WB 5 + 6	kann nur Spätschicht
12	6 Std.	Spätdienst Sa – So	WB 5 + 6	kann nur am Wochenende
13	15 Std.	Springer überwiegend für Frühdienst		
14	15 Std.	Springer überwiegend für Frühdienst		
15	11 Std.	Springer überwiegend im Spätdienst		

2.4.4 Jahresrahmendienstplan

Der Jahresrahmendienstplan wird einmal jährlich erstellt. Hier werden für das ganze Jahr im Voraus neben dem 4-wöchigen Rhythmus die vorhersehbaren Ausfallzeiten erfasst.

Dies sind insbesondere

- Urlaubszeiten
- Feiertage
- Elternzeit – falls zum Jahresende absehbar
- Fortbildung – falls zum Jahresende absehbar
- Rehabilitationsmaßnahmen – falls zum Jahresende absehbar.

2.4.5 Monatlicher Dienstplan

Um den monatlichen Dienstplan zu erstellen, greifen Sie auf den Jahresrahmendienstplan zurück.

- Überprüfen Sie zunächst für den kommenden Monat die geplanten Ausfallzeiten und den Stand des 4-Wochen-Rhythmus.
- Ermitteln Sie weitere kurzfristig geplante Ausfallzeiten, z. B. Ausgleich von Mehrarbeitsstunden, Sonderurlaub für Eheschließung, andauernde Krankheit.
- Platzieren Sie die Arbeitszeiten der Springerinnen so, dass der Einsatzbedarf gedeckt ist.

Für jeden Mitarbeiter gibt es im Dienstplan drei Zeilen.

- In der ersten Zeile stehen die Soll-Schichten (nach dem vorgegebenen Rhythmus).
- In der zweiten Zeile stehen die Plan-Schichten.
- In der dritten Zeile stehen die Ist-Schichten.

Name Mitarbeiter	+/- Std.	Soll-AZ	1	2	3	4	5	6	7	8	9	10	11	12	13	14
			Mo	Di	Mi	Do	Fr	Sa	So	Mo	Di	Mi	Do	Fr	Sa	So
Stammbesetzung Wohnbereich 1 + 2																
1	17	86,0	F	F	F	X	X	X	F	F	F	F	X	X	X	X
			F	F	F	X	X	X	XÜ	XÜ	XÜ	XF	X	X	X	X
			F	F	F	X	X	X	XÜ	XÜ	XÜ	XF	X	X	X	X

Der Dienstplan wird zunächst nur mit den Soll- und Planschichten erstellt. Die Ist-Schichten werden im laufenden Monat täglich ergänzt.

Vor dem Kalendarium steht

- eine Spalte für die Soll-Arbeitszeit des Mitarbeiters
- eine Spalte für die Plus- oder Minusstunden, die vom Vormonat übertragen werden.

Am Ende des Kalendariums steht

- eine Spalte für die Ist-Arbeitszeit des Mitarbeiters
- eine Spalte für die Plus- oder Minusstunden, die auf den Folgemonat übertragen werden.

Das Beispiel auf den folgenden Seiten zeigt den Dienstplan für die hauswirtschaftlichen Wohnbereichsmitarbeiterinnen für den Monat Oktober (Feiertag am 3. Oktober).

Name Mitarbeiter	+/- Std.	Soll-AZ	1	2	3	4	5	6	7	8	9	10	11	12	13	14
			Mo	Di	Mi	Do	Fr	Sa	So	Mo	Di	Mi	Do	Fr	Sa	So
Stammbesetzung Wohnbereich 1 + 2																
1	17	86,0	F	F	F	X	X	X	F	F	F	F	X	X	X	X
			F	F	F	X	X	X	XÜ	XÜ	XÜ	XF	X	X	X	X
			F	F	F	X	X	X	XÜ	XÜ	XÜ	XF	X	X	X	X
2	11	86,0	X	X	X	F	F	F	X	X	X	X	F	F	F	F
			X	X	X	F	F	F	X	X	X	X	F	F	F	F
			X	X	X	F	F	F	X	X	X	X	F	F	F	F
3	-1	64,5	S	S	S	S	S	X	X	S	S	S	S	S	X	X
			S	S	S	S	S	X	X	XF	S	S	S	S	X	X
			S	S	S	S	S	X	X	XF	S	S	S	S	X	X
4	-2	25,8	X	X	X	X	X	S	S	X	X	X	X	X	S	S
			X	X	X	X	X	S	S	X	X	X	X	X	U	U
			X	X	X	X	X	S	S	X	X	X	X	X	U	U
Stammbesetzung Wohnbereich 3 + 4																
5	-15	86,0	F	F	F	X	X	X	F	F	F	F	X	X	X	X
			K	K	K	K	K	X	F	F	F	F	X	X	X	X
			K	K	K	K	K	X	K	K	K	K	X	X	X	X
6	2	86,0	X	X	X	F	F	F	X	X	X	X	F	F	F	F
			X	X	X	F	F	F	X	X	X	X	F	F	F	F
			X	X	X	F	F	F	X	X	X	X	F	F	F	F
7	2	64,5	S	S	S	S	S	X	X	S	S	S	S	S	X	X
			S	S	S	S	S	X	X	S	XF	S	S	S	X	X
			S	S	S	S	S	X	X	S	XF	S	S	S	X	X
8	-2	25,8	X	X	X	X	X	S	S	X	X	X	X	X	S	S
			X	X	X	X	X	U	U	X	X	X	X	X	S	S
			X	X	X	X	X	U	U	X	X	X	X	X	S	S
Stammbesetzung Wohnbereich 5 + 6																
9	4	86,0	F	F	F	X	X	X	F	F	F	F	X	X	X	X
			F	F	F	X	X	X	F	F	F	F	X	X	X	X
			F	F	F	X	X	X	F	F	F	F	X	X	X	X
10	16	86,0	X	X	X	F	F	F	X	X	X	X	F	F	F	F
			X	X	X	U	U	U	X	X	X	X	F	F	F	F
			X	X	X	U	U	U	X	X	X	X	F	F	F	F
11	0	64,5	S	S	S	S	S	X	X	S	S	S	S	S	X	X
			U	U	X	U	S	X	X	S	S	S	S	S	X	X
			U	U	X	U	S	X	X	S	S	S	S	S	X	X
12	-2	25,8	X	X	X	X	X	S	S	X	X	X	X	X	S	S
			X	X	X	X	X	S	S	X	X	X	X	X	S	S
			X	X	X	X	X	S	S	X	X	X	X	X	S	S
Springerinnen																
13	-4	64,5	P1	P1	X	P1	P1	X	X	P1	P1	P1	P1	P1	X	X
			F	F	F	F	F	X	F	F	F	F	XF	XF	X	X
			F	F	F	F	F	X	F	F	F	F	XF	XF	X	X
14	11	64,5	P1	P1	X	P1	P1	X	X	P1	P1	P1	P1	P1	X	X
			XÜ	XÜ	X	F	F	F	X	XÜ	XÜ	XÜ	XÜ	XÜ	X	X
			XÜ	XÜ	X	F	F	F	F	F	F	F	XÜ	XÜ	X	X
15	12	47,3	P2	P2	X	P2	P2	X	X	P2	P2	P2	P2	P2	X	X
			S	S	S	S	S	X	S	S	S	S	XÜ	XÜ	XÜ	S	S
			S	S	S	S	X	S	S	S	S	XÜ	XÜ	XÜ	S	S

15	16	17	18	19	20	21	22	23	24	25	26	27	28	29	30	31	Ist-AZ	+/- Std.
Mo	Di	Mi	Do	Fr	Sa	So	Mo	Di	Mi	Do	Fr	Sa	So	Mo	Di	Mi		
X	X	X	F	F	F	X	X	X	X	F	F	F	F	F	F	F	80,0	11,0
X	X	X	U	F	F	X	X	X	X	F	F	F	F	F	F	F		
X	X	X	U	F	F	X	X	X	X	F	F	F	F	F	F	F		
F	F	F	X	X	X	F	F	F	F	X	X	X	X	X	X	X	80,0	5,0
F	F	F	X	X	X	F	F	F	F	X	X	X	X	X	X	X		
F	F	F	X	X	X	F	F	F	F	X	X	X	X	X	X	X		
S	S	S	S	S	X	X	S	S	S	S	S	X	X	S	S	S	69,0	3,5
S	S	S	S	S	X	X	S	S	S	S	S	X	X	S	S	S		
S	K	K	S	S	X	X	S	S	S	S	S	X	X	S	S	S		
X	X	X	X	X	S	S	X	X	X	X	X	S	S	X	X	X	24,0	-3,8
X	X	X	X	X	S	S	X	X	X	X	X	S	S	X	X	X		
X	X	X	X	X	S	S	X	X	X	X	X	S	S	X	X	X		
X	X	X	F	F	F	X	X	X	X	F	F	F	F	F	F	F	97,25	-3,75
X	X	X	F	F	F	X	X	X	X	F	F	F	F	F	F	F		
X	X	X	F	F	F	X	X	X	X	F	F	F	F	K	K	F		
F	F	F	X	X	X	F	F	F	F	X	X	X	X	X	X	X	80,0	-4,0
F	F	F	X	X	X	F	F	F	F	X	X	X	X	X	X	X		
F	F	F	X	X	X	F	F	F	F	X	X	X	X	X	X	X		
S	S	S	S	S	X	X	S	S	S	S	S	X	X	S	S	S	69,0	6,5
S	S	S	S	S	X	X	S	S	S	S	S	X	X	U	U	U		
S	S	S	S	S	X	X	S	S	S	S	S	X	X	U	U	U		
X	X	X	X	X	S	S	X	X	X	X	X	S	S	X	X	X	24,0	-3,8
X	X	X	X	X	S	S	X	X	X	X	X	S	S	X	X	X		
X	X	X	X	X	S	S	X	X	X	X	X	S	S	X	X	X		
X	X	X	F	F	F	X	X	X	X	F	F	F	F	F	F	F	97,25	15,25
X	X	XF	U	U	U	X	X	X	X	U	U	F	F	F	F	F		
X	X	XF	U	U	U	X	X	X	X	U	U	F	F	F	F	F		
F	F	F	X	X	X	F	F	F	F	X	X	X	X	X	X	X	80,0	10,0
F	F	F	X	X	X	F	F	F	F	X	X	X	X	X	X	X		
US	F	F	X	X	X	F	F	F	F	X	X	X	X	X	X	X		
S	S	S	S	S	X	X	S	S	S	S	S	X	X	S	S	S	69,0	4,5
S	S	S	S	S	X	X	S	S	S	S	S	X	X	S	S	S		
S	S	S	S	S	X	X	S	K	K	K	K	X	X	S	S	S		
X	X	X	X	X	S	S	X	X	X	X	X	S	S	X	X	X	24,0	-3,8
X	X	X	X	X	S	S	X	X	X	X	X	S	S	X	X	X		
X	X	X	X	X	S	S	X	X	X	X	X	S	S	X	X	X		
P1	P1	P1	P1	P1	X	X	P1	P1	P1	P1	P1	X	X	P1	P1	P1	92,5	24,0
XÜ	XÜ	XÜ	XÜ	XÜ	X	X	XÜ	XÜ	XÜ	XÜ	XÜ	X	X	XÜ	XÜ	XÜ		
F	S	S	XÜ	XÜ	X	X	XÜ	S	S	S	S	X	X	F	F	XÜ		
P1	P1	P1	P1	P1	X	X	P1	P1	P1	P1	P1	X	X	P1	P1	P1	68,5	15,0
XÜ	XÜ	XÜ	F	F	F	XÜ	XÜ	XÜ	XÜ	F	F	X	X	XÜ	XÜ	XÜ		
XÜ	XÜ	XÜ	F	F	F	XÜ	XÜ	XÜ	XÜ	F	F	X	X	XÜ	XÜ	XÜ		
P2	P2	P2	P2	P2	X	X	P2	P2	P2	P2	P2	X	X	P2	P2	P2	54,5	19,2
XF	XÜ	F	F	XÜ	X	X	XÜ	XÜ	XÜ	XÜ	XÜ	X	X	S	S	S		
XF	XÜ	F	F	XÜ	X	X	XÜ	XÜ	XÜ	XÜ	XÜ	X	X	S	S	S		

Legende

F	Frühschicht:	So – Fr	7.15–13.15 Uhr	= 5,75 Std.
		Sa	7.15–13.00 Uhr	= 5,5 Std.
S	Spätschicht:	täglich	16.00–19.00 Uhr	= 3,0 Std.

P1   3-stündiger Dienst eines 15-Std.-Springers (nur in Sollzeile)
P2   2,2-stündiger Dienst eines 11-Std. Springers (nur in Sollzeile)

X   Frei
XÜ   Frei aus Mehrarbeitsstunden
XF   Freizeitausgleich für Feiertagsarbeit
U   Urlaub
US   Sonderurlaub
K   Krankheit – Reha
E   Elternzeit
DB   Dienstbefreiung
St   Studientag, Fortbildung
V   Verschiedenes
?   unentschuldigtes Fehlen

Erläuterungen zur Berechnung der Soll-Arbeitszeiten

Die Soll-Arbeitszeit ist in jedem Monat gleich hoch und errechnet sich aus

- Wochenarbeitszeit x 4,3
  (Ein Monat hat statistisch 4,3 Wochen, wenn man auf eine Stelle hinter dem Komma rundet)

Beispiel:

MA 1 arbeitet 20 Std./Woche
Sie arbeitet monatlich 20 Std. x 4,3 = 86 Std.

Erläuterungen zur Berechnung der Ist-Arbeitszeiten

Die Ist-Arbeitszeit variiert jeden Monat. Sie hängt ab

- von der Anzahl der Werktage, die ein Monat hat
- und von dem 4-Wochenrhythmus

Sie errechnet sich aus den Stunden der Ist-Schicht abzüglich „Frei aus Mehrarbeit".

Beispiel:

Bei MA 9 weist der 4-wöchiger Rhythmus an den 31 Tagen im Oktober

- 15 Schichten à 5,75 Std.
- 2 Schichten à 5,5 Std. (samstags)
aus, also insgesamt 97,25 Std.

Hierbei ist es unerheblich, ob die Schichten tatsächlich gearbeitet werden oder ob der Mitarbeiter krank ist, Urlaub hat oder Freizeitausgleich für Feiertagsarbeit. Denn diese führen ja nicht zur Minimierung von Mehrarbeitsstunden. Sie sind bezahlte Arbeitszeit.

Da MA 9 im Oktober keine Mehrarbeitsstunden abgebaut hat, entsprechen die 97,25 Std. ihrer Ist-Arbeitszeit.

MA 1 hat dagegen im Oktober 3 Tage mit jeweils 5,75 Std. Mehrarbeit abgebaut, ihre Ist-Stunden betragen also 97,25 Std. – 17,25 Std. = 80,0 Std.

Erläuterungen zur Berechnung der +/- Std. am Ende des Monats

Die +/- Std. berechnen sich nach der Formel:

	+/- Std. am Beginn des Monats (Übertrag aus Vormonat)
+	Ist-Arbeitszeit
-	Soll-Arbeitszeit
=	+/- Std. am Ende des Monats

Beispielrechnung für MA 9

	4,00 Std.
+	97,25 Std.
-	86,00 Std.
=	15,25 Std.

Wenn Dienstpläne für die Aufzeichnung und Berechnung so kompliziert werden wie in diesem Beispiel, ist es sinnvoll, ein elektronisches Dienstplanprogramm einzusetzen.

Hier können Rahmendienstpläne vorgegeben werden, und die Berechnung der Stunden übernimmt das Programm.

2.4.6 Besetzungsplan

Damit die Mitarbeiter in den Wohnbereichen einen Überblick haben, welche Schicht mit welchen Mitarbeitern besetzt ist, erstellen Sie zusätzlich zum Dienstplan einen Besetzungsplan.

Beispiel: Besetzungsplan WB 1 + 2

Schichten, in denen von der Stammbesetzung abgewichen wird, sind grau hinterlegt.

WB 1 + 2 Schicht	40. KW						01. -07.10.20..
	1	2	3	4	5	6	7
	Mo	Di	Mi	Do	Fr	Sa	So
Frühdienst	MA 1	MA 1	MA 1	MA 2	MA 2	MA 2	MA 13
Spätdienst	MA 3	MA 3	MA 3	MA 3	MA 3	MA 4	MA 4

WB 1 + 2 Schicht	41. KW						08. -14.10.20..
	8	9	10	11	12	13	14
	Mo	Di	Mi	Do	Fr	Sa	So
Frühdienst	MA 13	MA 13	MA 13	MA 2	MA 2	MA 2	MA 2
Spätdienst	MA 15	MA 3	MA 3	MA 3	MA 3	MA 15	MA 15

WB 1 + 2 Schicht	42. KW						15.-21.10.20..
	15	16	17	18	19	20	21
	Mo	Di	Mi	Do	Fr	Sa	So
Frühdienst	MA 2	MA 2	MA 2	MA 15	MA 1	MA 1	MA 2
Spätdienst	MA 3	MA 3	MA 3	MA 3	MA 3	MA 4	MA 4

WB 1 + 2 Schicht	43. KW						22.-28.10.20..
	22	23	24	25	26	27	28
	Mo	Di	Mi	Do	Fr	Sa	So
Frühdienst	MA 2	MA 2	MA 2	MA 1	MA 1	MA 1	MA 1
Spätdienst	MA 3	MA 3	MA 3	MA 3	MA 3	MA 4	MA 4

2.4.7 Gesetzliche Rahmenbedingungen

Für die Personaleinsatzplanung gibt es gesetzliche Einschränkungen. Diese sind insbesondere

- im Arbeitszeitgesetz (ArbZG) und
- in dem jeweils geltenden Tarifvertrag

verankert.

Einige wichtige Eckpunkte aus dem ArbZG:

- Arbeitszeit ist die Zeit vom Beginn bis zum Ende der Arbeit ohne die Ruhepausen.
- Bei einer Arbeitszeit von 6 bis 9 Stunden sind 30 Minuten Ruhepause zu gewähren, die in zweimal 15 Minuten unterteilt werden können.
- Nach Ende der täglichen Arbeitszeit muss eine ununterbrochene Pause von 11 Stunden (in Gemeinschaftseinrichtungen 10 Stunden) gewährt werden.
- Die Sonn- und Feiertagsruhe gilt nicht für Einrichtungen in der Gemeinschaftsverpflegung. Es müssen jedoch mindestens 15 freie Sonntage im Jahr gewährt werden.
- Arbeit an einem Feiertag muss innerhalb von acht Wochen durch einen Ersatzruhetag ausgeglichen werden.
- Der Arbeitgeber muss den Gesetzestext des ArbZG an einer geeigneten Stelle im Unternehmen zur Einsicht auslegen oder aushängen.

In Tarifverträgen oder in Betriebs- und Dienstvereinbarungen können abweichende Regelungen vereinbart werden.

Zu Fragen zur rechtlichen Regelung von Arbeitszeiten ist die Personalabteilung im Betrieb der richtige Ansprechpartner.

2.5 Personalbeschaffung

2.5.1 Betriebsinterne und externe Personalbeschaffung

Mit den Instrumenten und Methoden der Personalplanung ermitteln Sie den quantitativen und qualitativen Personalbedarf. Mit der Personalbeschaffung stellen Sie sicher, dass Sie den ermittelten Planbedarf jederzeit erfüllen können. Anzahl und Qualifikation der Mitarbeiter sind eine wichtige Grundlage für ein qualitativ gutes Arbeitsergebnis, aber noch wichtiger ist es, dass der richtige Mitarbeiter am richtigen Ort eingesetzt wird.

Für die Beschaffung gibt es grundsätzlich zwei Möglichkeiten:

- betriebsinterne Beschaffung
- externe Beschaffung

Zur betriebsinternen Beschaffung zählen:

- Versetzungen, z. B.:
  Eine Mitarbeiterin hat bisher in der Reinigung gearbeitet und wird auf eine frei werdende Stelle in der Wäscherei versetzt.
- Beförderung, z. B.:
  Eine Hauswirtschafterin hat berufsbegleitend eine Weiterbildung zur Meisterin der Hauswirtschaft absolviert. Sie erhält die frei werdende Stelle der Hauswirtschaftsleitung.
- Übernahme von Auszubildenden, z. B.:
  Eine Auszubildende erhält nach ihrem Abschluss als Hauswirtschafterin die frei werdende Stelle der Leitung der Cafeteria.
- Interne Stellenausschreibung:
  Jede Stelle, die öffentlich ausgeschrieben wird, kann auch intern am „Schwarzen Brett" bzw. im Intranet ausgeschrieben werden.

Zu den externen Beschaffungswegen zählen:

- Stellenanzeigen in Fachzeitschriften, in der regionalen Tagespresse und auf der eigenen Homepage
- Online-Jobbörsen über private Anbieter oder über die Agentur für Arbeit
- Reaktion auf Stellengesuche
- Reaktion auf Spontan- und Blindbewerbungen
- Beauftragung von privaten Arbeitsvermittlern oder Personalberatern
- direkte Anfrage an Absolventen von Fachschulen, Fachakademien, Fachhochschulen oder Universitäten
- Netzwerke, z. B. hauswirtschaftliche Verbände
- Mundpropaganda

Jeder der beiden Wege bietet Vorteile.

Das Positive an einer internen Beschaffung sind vor allem die niedrigeren Einarbeitungskosten und dass man weiß, auf wen man sich einlässt.

Der Vorteil von externer Beschaffung kann immer genutzt werden, wenn der Betrieb „frischen Wind" braucht und wenn eine breitere Auswahlmöglichkeit gewünscht ist.

Ganz gleich, ob der interne oder externe Beschaffungsweg gewählt wird: wenn eine Stelle besetzt werden soll,

- greifen Sie zunächst auf das vorliegende Anforderungsprofil zurück (Beispiele für Anforderungsprofile finden Sie im Kapitel 2.3.2) und

- prüfen Sie, ob es noch aktuell ist.

2.5.2 Stellenbeschreibung

Neben einem Anforderungsprofil erstellen Sie eine Stellenbeschreibung. Diese ist weit umfangreicher als das Anforderungsprofil. In ihr werden Kriterien festgelegt, die für

- die Vertragsgestaltung

- die Gehaltsfindung und -veränderung

- die Gestaltung der Aufbau- und Ablauforganisation im Betrieb

- das Qualitätsmanagement

wichtig sind. Auch Stellenbeschreibungen müssen regelmäßig geprüft und aktualisiert werden.

Beispiel:
Stellenbeschreibung für die Leitung des hauswirtschaftlichen Dienstleistungsbereichs (Quelle: Berufsverband Hauswirtschaft, Kurzfassung)

Muster-Stellenbeschreibung Leitung der Hauswirtschaft	
Einrichtung	- Träger - Art der Einrichtung - Art und Anzahl der Kunden - Anzahl der Mitarbeiter
Einordnung der Stelle in die Organisationsstruktur	- Bezeichnung der Stelle - Eingruppierung der Stelle - Vorgesetzte Stelle - Stellvertreter - Kompetenzen und Befugnisse
Anforderungen an die Stelleninhaberin	- Fachliche Anforderungen - Persönliche Anforderungen (analog Anforderungsprofil)

Muster-Stellenbeschreibung Leitung der Hauswirtschaft	
Ziele der Stelle	▪ Leistungsziele Zielgruppengerechtes Angebot und Entwicklung der hauswirtschaftlichen Leistung im Sinne des Leitbildes der Einrichtung ▪ Leistungserstellungsziele Hauswirtschaftliche Leistungserstellung wird durch qualitätssichernde und qualitätsverbessernde Leistungsprozesse gesteuert ▪ Mitarbeiterorientierte Ziele Sicherung der hauswirtschaftlichen Professionalität durch Mitarbeitermotivation, Weiterbildung und Gesundheitsschutz ▪ Ökonomische und ökologische Ziele Betriebswirtschaftliches und ökologisches Handeln, verantwortungsvoller Umgang mit Ressourcen
Aufgaben der Stelle	▪ Qualitätsmanagement Entwicklung von Konzepten, Strategien Erstellung von Dokumenten für das Qualitätsmanagementsystem ▪ Personalmanagement Personalbedarfsplanung Personaleinsatzplanung Personalbeschaffung Personalentwicklung Personalbeurteilung Personalführung ▪ Kostenmanagement Kosten- und Leistungsrechnung Budgetplanung und -kontrolle ▪ Organisation der Ausbildung ▪ Organisation der hauswirtschaftlichen Leistungserstellung für die Bereiche – Verpflegung – Service – Reinigung – Wäsche – Einrichten und Gestalten von Räumen – hauswirtschaftliche Betreuung – Hol- und Bringedienst – externe Dienstleistungen

2.5.3 Stellenausschreibung und Analyse von Bewerbungsunterlagen

Mit einer Stellenausschreibung sollen Bewerber angesprochen werden, die für die Stelle geeignet sind. Je präziser Anforderungen und Aufgaben beschrieben sind, desto zeitsparender können Sie die Bewerbungsunterlagen bearbeiten.

Gleichzeitig ist jede Stellenausschreibung eine Darstellung der Einrichtung in der Öffentlichkeit. Von der Qualität der Stellenausschreibung kann leicht auf die Qualität der Einrichtung geschlossen werden, denn nicht nur Bewerber, sondern auch interne und externe Kunden lesen die Ausschreibung.

Da eine Stellenausschreibung um etwas „wirbt", muss sie sich auch an den Kriterien für Werbung orientieren. Für den Aufbau und die Formulierung können Sie hier mit der AIDA-Formel arbeiten.

A Attraction   Anziehung

I Interest   Interesse

D Desire   Wunsch

A Appeal   Aufforderung

Beispiele für die Anwendung der AIDA-Formel:

- Die Anziehung entsteht durch eine gute optische Gestaltung und eine ansprechende, der Zielgruppe entsprechende Formulierung.
- Das Interesse wird durch eine attraktive Aufgabenbeschreibung geweckt.
- Der Wunsch des Bewerbers, sich auf die Stelle zu bewerben, kann durch spezielle Angebote angestoßen werden.
- Die Aufforderung am Schluss der Stellenausschreibung soll den Bewerber bewegen, zu reagieren.

Eine Stellenausschreibung besteht aus vier Abschnitten:

- Wir sind:
  Neben dem Namen und der Kurzbeschreibung der Einrichtung kann hier das Logo und ein Satz aus dem Leitbild stehen.
- Wir suchen:
  Hier erweist sich die Aktualität des Anforderungsprofils und der Stellenbeschreibung als gute Vorarbeit. An dieser Stelle werden das Aufgabengebiet und die fachlichen und persönlichen Anforderungen genannt.
- Wir bieten:
  Neben dem geltenden Tarifvertrag und den Sozialleistungen gehören hier alle attraktiven Angebote hin, die eine Einrichtung bietet, z. B. gutes Betriebsklima, Job-Ticket, Kinderbetreuung, Hilfe bei der Wohnungssuche.
- Wir bitten:
  Zum Abschluss wird um die gewünschten Unterlagen gebeten und ein Angebot zur telefonischen Information gemacht. Eine ansprechende Schlussformel, die den potentiellen Bewerber auffordert zu reagieren, darf nicht fehlen.

Beispiel für eine Stellenausschreibung

Alten- und Pflegeheim der Seemannshilfe e.V.

Die Seemannshilfe e.V. ist eine Anlaufstelle für Seeleute, die nicht mehr zur See fahren. Wir unterhalten in Nordseestadt ein Alten- und Pflegeheim. Es ist uns ein großes Anliegen, unseren Bewohnern, die in aller Regel keine Angehörigen haben, eine angenehme Wohnatmosphäre anzubieten.

Zum 1.10.20.. suchen wir Sie als

Leiter/in des Dienstleistungsbereiches Hauswirtschaft

Ihre Aufgaben sind
- die Leitung der hauswirtschaftlichen Abteilung unter wirtschaftlichen, kunden- und mitarbeiterbezogenen Aspekten
- die Weiterentwicklung unseres Qualitätsmanagements
- das Personalmanagement für die Hauswirtschaft
- die Organisation der hauswirtschaftlichen Ausbildung
- Kostenmanagement für die Hauswirtschaft
- Verantwortung für die Einhaltung von Rechtsvorschriften für die Hauswirtschaft

Wir bieten Ihnen
- eine Vergütung in Anlehnung an TVöD
- eine 39-Stunden-Woche
- ein motiviertes Mitarbeiterteam
- Raum und Entwicklungsmöglichkeiten für kreative Ideen
- interne und externe Weiterbildung
- Hilfe bei der Wohnungssuche

Nordseestadt ist eine attraktive Kleinstadt mit allen Schulformen, einem außergewöhnlichen Kulturangebot und gesunder Seeluft.

Lieben Sie die See und Seemannsgeschichten?
Möchten Sie unser Wohn- und Lebenskonzept mitgestalten?

Dann senden Sie Ihre aussagefähigen Bewerbungsunterlagen an das von uns beauftragte Personalberatungsunternehmen

kompass
Alexander-von-Humboldt-Str. 38
46485 Wesel

Frau Beuting-Lampe erteilt Ihnen gern vorab telefonische Auskunft unter 0281 82829

Für die Analyse der eingehenden Bewerbungsunterlagen legen Sie sich drei Ordner an:
- Bewerbungsunterlagen 1. Wahl
- Bewerbungsunterlagen 2. Wahl
- Bewerbungsunterlagen 3. Wahl

Wenn Sie im Voraus schriftliche Beurteilungskriterien festlegen, erleichtert dies die Einordnung der Bewerbungsunterlagen, z. B.

- Optischer Eindruck der Unterlagen
- Vollständigkeit der Unterlagen
- Fachliche Eignung für die ausgeschriebene Stelle
- Interesse des Bewerbers
- Motivation für die Bewerbung
- Lebenslauf
- Zeugnisse

Die Bewerber aus dem Ordner 1. Wahl laden Sie zu einem Vorstellungsgespräch ein.

2.5.4 Vorstellungsgespräch und Beurteilung von Bewerbern

Anhand der Bewerbungsunterlagen haben Sie sich ein erstes Bild von den Bewerbern gemacht, den persönlichen und entscheidenden Eindruck gewinnen Sie im Vorstellungsgespräch. Ziel des Vorstellungsgesprächs ist es festzustellen, ob neben der fachlichen Eignung die Bewerber zum Betrieb passen.

In einem Vorstellungsgespräch stellt sich nicht nur der Bewerber vor, sondern Sie präsentieren auch sich und Ihre Einrichtung. Bereiten Sie den äußeren Rahmen für die Vorstellungsgespräche gut vor:

- rechtzeitig dem Bewerber Ort und Zeitpunkt des Gesprächs mitteilen
- genügend Zeit einplanen
- dafür sorgen, dass das Gespräch nicht gestört wird
- für eine angenehme Gesprächsatmosphäre sorgen
- zu Beginn alle Gesprächsteilnehmer mit ihren Funktionen bekannt machen, z. B. Personalleitung, Fachkollegen, Betriebsrat

Wenn Betriebsrat, Personalleitung oder Fachkollegen am Gespräch beteiligt sind, klären Sie ab, wer welchen Gesprächspart übernimmt.

Erstellen Sie sich im Vorfeld eine Reihe von offenen Fragen, die Sie den Bewerbern stellen möchten. Wählen Sie die Fragen so, dass Sie anhand der Antworten beurteilen können, welche Kriterien aus dem Anforderungsprofil der Bewerber erfüllt. Mit der Frage: „Wie sah Ihr bisher größter beruflicher Erfolg aus?" erfahren Sie viel über die

- Fachkompetenz
- Sozialkompetenz
- Kommunikationsfähigkeit
- Teamfähigkeit
- Verantwortungsbewusstsein
- Motivation
- Kreativität
- und das Engagement

des Bewerbers.

Beispiele für offene Fragen in einem Vorstellungsgespräch

Stellvertretende Hauswirtschaftsleitung

- Was bedeutet für Sie Kundenorientierung? Wie haben Sie sie in Ihrer letzten Arbeitsstelle umgesetzt?
- Zu Ihren Aufgaben gehört es, die Reinigungsfirma zu kontrollieren. Welche Erfahrungen haben Sie bisher mit Reinigungsfirmen gemacht?
- Wie sah Ihr bisher größter beruflicher Erfolg aus?
- Welche Erfahrungen konnten Sie bisher in der Mitarbeiterführung sammeln?
- Wie gehen Sie mit Stress-Situationen um?
- Sie schreiben in Ihrem Bewerbungsschreiben, dass Sie sich für die karitative Organisation XY engagieren. Was sind Ihre Motive dafür?
- Welche Fortbildungen haben Sie in den letzten fünf Jahren gemacht und warum gerade diese?

Küchenleitung

- Nach welchem Verpflegungskonzept würden Sie am liebsten arbeiten und warum?
- Wie können Sie Küchenhilfen motivieren?
- Sie haben Ihre Ausbildung in einem Alten- und Pflegeheim gemacht. Was motiviert Sie, in der Altenhilfe zu arbeiten?
- Sie wollen mit Ihrem Team die Hygienestandards überprüfen. Wie gehen Sie vor?
- Ihr Küchenteam möchte eine Kundenbefragung durchführen. Was möchten Sie von den Kunden erfahren?
- An welchen Punkten können/müssen Ihrer Meinung nach Pflege- und Küchenmitarbeiter eng kooperieren?
- Wie haben Sie seit dem Ende Ihrer Ausbildung Ihre betriebswirtschaftlichen Kenntnisse erweitert?
- Welche Vorschläge können Sie machen, um Bewohner mit Mangelernährung optimal zu versorgen?

Mitarbeiterin Reinigungsdienst

- Mit welchen Reinigungstechniken für die Fußbodenreinigung haben Sie bisher gearbeitet? Mit welchen Techniken kamen Sie am besten zurecht?
- Ein Tagungsgast beschwert sich bei Ihnen, dass sein Bad nicht richtig sauber ist. Wie verhalten Sie sich?
- Wie verhalten Sie sich, wenn ein Tagungsgast während der Reinigung sich in seinem Zimmer aufhält?
- Wie wichtig ist es für Sie, nach der Familienpause wieder zu arbeiten?
- Aus welchem Grund möchten Sie gerne in unserem Tagungshaus arbeiten?

Nach den Gesprächen werten Sie die Gesprächsprotokolle aus und können für jeden Bewerber ein Profil erstellen.

Bewerberprofil

Bewertung des Vorstellungsgesprächs				Frau Schmidt
	sehr gut	gut	mäßig	schlecht
Fachliche Anforderungen				
Hauswirtschaftliches Fachwissen		x		
Führungskompetenzen		x		
Kenntnisse im Qualitätsmanagement	x			
Berufs- und arbeitspädagogische Kenntnisse		x		
Kundenorientierung	x			
Betriebswirtschaftliche Kenntnisse			x	
Berufserfahrung		x		
Persönliche Anforderungen				
Auftreten		x		
Selbstständigkeit		x		
Kommunikationsfähigkeit		x		
Verantwortungsbewusstsein		x		
Motivation	x			
Team- und Kritikfähigkeit		x		
Kreativität		x		
Zuverlässigkeit		x		

Nach dem Vergleich der Bewerberprofile diskutieren Sie Ihre Entscheidung mit den Kollegen, die am Vorstellungsgespräch teilgenommen haben, denn Wahrnehmungen und Beurteilungen sind von Mensch zu Mensch verschieden.

Zu einer guten Außendarstellung der Einrichtung gehört es, dass Sie den Bewerbern, denen Sie absagen müssen, dies kurzfristig schriftlich mitteilen.

2.6   Personalfreisetzung

Entsteht in einem Betrieb ein Personalüberhang, muss Personal freigesetzt werden. Für die Entstehung eines Personalüberhangs gibt es zahlreiche Gründe, z. B.:

- Rationalisierung
- Umstrukturierung
- zurückgehende Auftragslage/Belegung/Auslastung
- Änderungen in der Sozialgesetzgebung/Refinanzierung nicht mehr gesichert
- Schließung einer Einrichtung
- Insolvenz

Personalfreisetzung ist nicht gleichbedeutend mit Kündigung. Die Kündigung ist nur eine der möglichen Maßnahmen, nämlich die letzte.

Wenn langfristig ein Personalüberhang vorauszusehen ist, bestehen im Vorfeld verschiedene Möglichkeiten, Kündigungen zu vermeiden, z. B.

- bei Fluktuation reagieren und frei werdende Stellen zunächst nicht wieder besetzen
- Zeitverträge nicht verlängern
- frühzeitigen Ruhestand anbieten
- Aufhebungsverträge anbieten
- Umwandlung von Vollzeitstellen in Teilzeitstellen anbieten
- Umsetzungen in Einrichtungen desselben Trägers
- Abbau von Überstunden

Ebenso ist es möglich, nach Alternativen für die Beschäftigung von Mitarbeitern zu suchen. Überprüfen Sie, ob die Einrichtung auf dem freien Markt hauswirtschaftliche Dienstleistungen anbieten kann.

So kann eine stationäre Einrichtung der Altenhilfe z. B. Essen auf Rädern, einen Reinigungs-, Wäsche- oder Einkaufservice im Stadtteil anbieten. Oder ein Tagungshaus kann seine Gästezimmer unabhängig von einer gebuchten Tagung für einzeln buchende Hotelgäste freigeben.

Bei der Kündigung unterscheidet man

- die ordentliche Kündigung und
- die außerordentliche Kündigung

Die außerordentliche Kündigung ist keine Maßnahme zum Personalabbau, sondern sie ist immer verhaltensbedingt. Sie beruht auf schwerwiegenden Vertragsverstößen, z. B.

- Arbeitsverweigerung
- Diebstahl
- besonders schwerer Verstoß gegen die Schweigepflicht

Die ordentlichen Kündigungen lassen sich wiederum in zwei Gruppen unterteilen:

- die betriebsbedingten Kündigungen
- die personenbedingten Kündigungen

Die betriebsbedingten Kündigungen sind Maßnahmen des Personalabbaus (siehe die oben genannten Gründe zur Entstehung von Personalüberhang).

Personenbedingte Kündigungen können ausgesprochen werden, wenn der Mitarbeiter die zu leistende Arbeit nicht (mehr) erbringen kann.

Kündigung		
ordentliche Kündigung		**außerordentliche Kündigung**
betriebsbedingt	**personenbedingt**	**verhaltensbedingt**
Veränderungen im Betrieb, z. B.	Veränderungen bei der beschäftigten Person, z. B.	Vertragsverstoß, z. B.
– Rationalisierung – Umstrukturierung	– fehlende Eignung – geplante Prüfung wurde nicht bestanden	– mehrmals unentschuldigtes Fehlen – Diebstahl – Störung des Betriebsablaufs

2.7 Betriebliche Mitbestimmung

Viele Maßnahmen und Aktivitäten im Personalmanagement unterliegen der betrieblichen Mitbestimmung. Je nach Art der Einrichtung gelten verschiedene Gesetze und Vertretungsorgane.

Art des Unternehmens	geltendes Gesetz	Vertretungsorgan
freie Betriebe	Betriebsverfassungsgesetz	Betriebsrat
kirchlicher Dienst	Mitarbeitervertretungsgesetz	Mitarbeitervertretung
öffentlicher Dienst	Personalvertretungsgesetz	Personalrat

Beispiele für Beteiligung des Betriebsrats

Beteiligungsform	Allgemeine Beispiele	Beispiele aus dem hauswirtschaftlichen Arbeitsbereich
Unterrichtung	Planung von Neu, Um- und Erweiterungsbauten	Umbau einer Produktionsküche
	Planung des Personalbedarfs und Maßnahmen zur Berufsbildung	Einrichtung eines Ausbildungsplatzes für den Beruf Hauswirtschafter/in
Anhörung	Für die Beteiligungsform „Anhörung" gibt es nur einen einzigen Fall: Kündigung eines Arbeitnehmers durch den Arbeitgeber	
Beratung	Förderung von Berufsbildungsmaßnahmen	Teilnahme der hauswirtschaftlichen Auszubildenden an überbetrieblichen Maßnahmen der Berufsbildung, z. B. Prüfungsvorbereitung
Zustimmung bzw. Ablehnung	Widerspruch bei Kündigung	Einer Wäschereimitarbeiterin wird wegen Schließung der Wäscherei gekündigt, obwohl sie in der Küche weiterbeschäftigt werden könnte (weil dort eine Stelle frei wird).
	Abberufung von Ausbildungspersonal	Wenn sich eine hauswirtschaftliche Ausbilderin als nicht geeignet erweist, kann sie abberufen werden
Mitentscheidung	Alle sozialen Angelegenheiten, z. B. – Betriebsordnung und Verhalten der Mitarbeiter – Beginn und Ende der täglichen Arbeitszeit einschließlich der Pausen – Verteilung der Arbeitszeit auf die einzelnen Wochentage – Grundsätze der Urlaubsplanung – Einführung von Techniken, mit denen die Leistung oder das Verhalten der Arbeitnehmer überwacht werden – Gestaltung der Sozialräume im Betrieb – Grundsätze zum betrieblichen Vorschlagswesen	
Initiativrecht	Innerbetriebliche Stellenausschreibung	Interne Ausschreibung der frei werden den Stelle der stellvertretenden Haus wirtschaftsleitung
	Vorschläge, wer an Bildungs maßnahmen teilnehmen kann, die der Betrieb finanziert.	Vorschlag, dass hauswirtschaftliche Mitarbeiter eines Alten und Pflegeheims an Schulungen zum Thema „Demenz" teilnehmen können.

Kapitel 3

Kostenmanagement

3.1   Einführung

In einem Unternehmen, in dem Sie die Hauswirtschaft leiten, laufen alle betriebswirtschaftlichen Berechnungen im betrieblichen Rechnungswesen zusammen. Ihre Kollegen in dieser Abteilung sind Betriebswirte oder kaufmännische Angestellte mit unterschiedlichen Sachbearbeitungsaufgaben.

Das Betriebliche Rechnungswesen wird in vier Bereiche gegliedert.

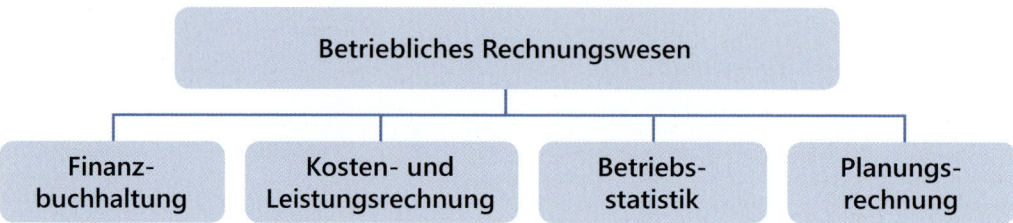

Betriebliches Rechnungswesen			
Finanz-buchhaltung	Kosten- und Leistungsrechnung	Betriebs-statistik	Planungs-rechnung

Für die Finanzbuchhaltung sind Sie „Zulieferer". Rechnungen Ihrer Lieferanten oder Rechnungen, die Sie an Ihre Kunden z. B. für eine Übernachtung im Tagungshaus ausstellen, sind Dokumente, die die Buchhaltung benötigt. Sie selbst nehmen in aller Regel keine Buchungen vor. Von daher wird dieses Thema in diesem Kapitel nicht vertieft.

Für die Betriebsstatistik und Planungsrechnung stellen Sie Kennzahlen zur Verfügung, die sich aus Ihrer Kosten- und Leistungsrechnung und dem dazugehörigen Controlling ergeben.

Die Kosten- und Leistungsrechnung ist für Sie ein wichtiges Arbeitsgebiet. Um die Managementfunktionen Planung, Organisation und Kontrolle zu erfüllen, müssen Sie wissen, welche Kosten in welchem Umfang für die hauswirtschaftlichen Leistungen entstehen.

Dem Leistungserstellungsprozess – Produkte herstellen oder Dienstleistungen erbringen – stehen Kosten gegenüber. Diese zu ermitteln ist Aufgabe der Kosten- und Leistungsrechnung.

Ziel der Kosten- und Leistungsrechnung ist es,

- eine Grundlage für die Kalkulation der Leistungen zu schaffen und
- mit den ermittelten Kosten zu überprüfen, ob die Leistungen wirtschaftlich erbracht werden.

3.2   Ausgaben, Auszahlungen, Aufwendungen, Kosten

Damit Sie in die Kosten- und Leistungsrechnung einsteigen können, ist zunächst notwendig, die Begriffe

- Ausgabe
- Auszahlung
- Aufwendung
- Kosten

voneinander abzugrenzen.

Beispiel

Ihr Betrieb schließt am 30.03.2014 einen Kaufvertrag für einen Trockner ab. Der Preis beträgt 8.000 €. (Mehrwertsteuer wird außer Betracht gelassen.)

Der Trockner wird am 03.05.2014 geliefert.

Die Kollegen der Buchhaltung überweisen die Rechnung am 14.05.2014.

Die Nutzungsdauer des Trockners liegt bei 10 Jahren.

Ausgabe

Die Ausgabe sagt etwas über den Beschaffungswert des Trockners aus.

Bei der Anlieferung am 03.05.2014 hat der Betrieb eine Ausgabe von 8.000 € getätigt: Er hat den Trockner beschafft.

Auszahlung

Die Auszahlung sagt etwas über den Geldfluss aus.

Der Betrieb nimmt am 14.05.2014 die Auszahlung vor. Sein Konto wird mit dem Rechnungsbetrag von 8.000 € belastet.

Aufwendungen

Die Aufwendungen sagen etwas über den buchmäßigen Werteverzehr des Trockners aus.

Zum Anschaffungszeitpunkt 03.05.2014 hat der Trockner einen Wert von 8.000 €. Die Nutzungsdauer erstreckt sich über 10 Jahre. Der Werteverzehr des Trockners beträgt bei einer linear-gleichbleibenden Abschreibungsmethode jährlich 800 €. Bei dieser Methode wird jährlich derselbe Wert abgeschrieben.

Diese Abschreibung errechnet sich aus

$$\frac{\text{Anschaffungspreis}}{\text{Nutzungsdauer}}$$

$$\frac{8.000\ \text{€}}{10\ \text{Jahre}} = 800\ \text{€/Jahr}$$

Die Aufwendungen und Buchwerte für den Trockner betragen bei einer linear-gleichbleibenden Abschreibungsmethode folgende Werte:

71

Jahr	jährliche Aufwendungen	Buchwert am Ende des Jahres
2014	800 €	7.200 €
2015	800 €	6.400 €
2016	800 €	5.600 €
2017	800 €	4.800 €
2018	800 €	4.000 €
2019	800 €	3.200 €
2020	800 €	2.400 €
2021	800 €	1.600 €
2022	800 €	800 €
2023	800 €	0 €

Bei einer geometrisch-degressiven Abschreibung wird jährlich ein bestimmter Prozentsatz abgeschrieben, z. B. 20 %. Im Laufe der Jahre kann auf die linear-gleichbleibende Methode gewechselt werden.

Danach ergeben sich folgende Werte:

Jahr	jährliche Aufwendungen	Buchwert am Ende des Jahres
2014	20 % von 8.000,00 = 1.600,00 €	6.400,00 €
2015	20 % von 6.400,00 = 1.280,00 €	5.120,00 €
2016	20 % von 5.120,00 = 1.024,00 €	4.096,00 €
2017	20 % von 4.096,00 = 819,20 €	3.276,80 €
2018	20 % von 3.276,80 = 655,36 €	2.621,44 €
2019	20 % von 2.621,44 = 524,28 €	2.097,16 €
2020	2.097,16 : 4 = 524,29 €	1.572,87 €
2021	2.097,16 : 4 = 524,29 €	1.048,58 €
2022	2.097,16 : 4 = 524,29 €	524,29 €
2023	2.097,16 : 4 = 524,29 €	0,00 €

Aufgabe der Finanzbuchhaltung ist es, diesen buchmäßigen Werteverzehr zu bestimmen. Sie errechnet für alle langlebigen Wirtschaftsgüter mit Hilfe der erwarteten Nutzungsdauer die Höhe der Abschreibung. Dabei bedient sie sich der amtlichen AfA-Tabellen (AfA = Absetzungen für Abnutzung), die branchenbezogen vom Bundesfinanzministerium herausgegeben werden. Für Trockner werden z. B. 10 Jahre angegeben.

Diese Abschreibungen sind die Aufwendungen. Je mehr ein Wirtschaftsgut abgeschrieben ist, desto niedriger steht der Wert in der Bilanz „zu Buche" – wie es in der Sprache der Finanzbuchhalter heißt.

Nach diesen 10 Jahren ist er „abgeschrieben", d. h. dem Betrieb entstehen für den Trockner keine weiteren Aufwendungen, selbst wenn er vielleicht noch weitere drei Jahre genutzt wird.

Kosten

Die Kosten sagen etwas über den aktuellen, tatsächlichen Werteverzehr des Trockners aus. (Im Gegensatz zur Aufwendung, denn dort handelt es sich ja um den buchmäßigen Werteverzehr).

Auch hier bildet der Anschaffungswert des Trockners von 8.000 € die Grundlage zur Berechnung der jährlichen Kosten. Und auch hier werden jährliche Abschreibungen vorgenommen, jedoch muss sich jedes Jahr die Grundlage für die Berechnung der Abschreibungen den aktuellen Marktpreisen anpassen.

Diese Art der Abschreibung wird „kalkulatorische Abschreibung" genannt. Sie dient der Kostenkalkulation.

In 2014 hat der Betrieb demnach Abschreibungen in Höhe von 800 €, doch schon im Jahr 2015 kommt es zu einer Differenz zwischen

- den buchmäßigen Abschreibungen bei den Aufwendungen
- und den kalkulatorischen Abschreibungen für die Errechnung der Kosten.

Denn der Wiederbeschaffungswert des Trockners liegt dann – vermutlich – bei 8.240 €, die jährlichen kalkulatorischen Abschreibungen bei 824 €.

Für die Berechnung der kalkulatorischen Kosten wird also immer der Wert angesetzt, der zur aktuellen Wiederbeschaffung des Trockners notwendig wäre.

Somit kann der Betrieb auch im Jahr 2023, in dem der Trockner buchmäßig schon abgeschrieben ist, weiterhin Kosten von 10 % des Wiederbeschaffungswertes ansetzen.

Die Wiederbeschaffungswerte und die Kosten für den Trockner betragen:

Jahr	Wiederbeschaffungswert	jährliche kalkulatorische Kosten
2014	8.000 €	800 €
2015	8.240 €	824 €
2016	8.490 €	849 €
2017	8.740 €	874 €
2018	9.000 €	900 €
2019	9.270 €	927 €
2020	9.550 €	955 €
2021	9.840 €	984 €
2022	10.140 €	1.014 €
2023	10.440 €	1.044 €
2024	10.750 €	1.075 €
2025	11.070 €	1.107 €
2026	11.400 €	1.140 €

3.3 Leistungen

Nach diesen Definitionen und Abgrenzungen von

- Ausgaben
- Auszahlungen
- Aufwendungen
- und Kosten

bleibt nun noch die „Leistung" zu definieren.

Mit Leistung sind die erbrachten Dienstleistungen oder die hergestellten Produkte gemeint, also alles, was die Abteilung Hauswirtschaft im Leistungserstellungsprozess erwirtschaftet:

- Reinigungsdienstleistung
- Wäscheservice
- Verpflegung
- Hausdekoration
- Gartenpflege
- Reparaturen und andere Leistungen der Haustechnik
- und viele andere je nach Art des Betriebes

3.4 Fixe und variable Kosten und Gesamtkosten

Fixe Kosten

In der Kostenrechnung unterscheidet man fixe und variable Kosten. Die fixen Kosten sind innerhalb eines bestimmten Zeitraumes gleich bleibend hoch, unabhängig davon, wie viele Leistungen – Dienstleistungen oder Produkte – erstellt werden. Sie sind fix.

Typische fixe Kosten sind z. B.

- Personalkosten
- Kosten für Miete oder Pacht
- vertraglich regelmäßige Wartungskosten
- vertraglich regelmäßig erbrachte Dienstleistung mit gleichem Leistungsumfang (Reinigung eines Gebäudes durch einen Dienstleister)

Ihre Höhe bleibt zumindest über einen gewissen Zeitraum unverändert. Sie werden erst angepasst,

- wenn auf Dauer weniger oder mehr Personal benötigt wird oder die Gehälter tariflich erhöht werden
- wenn auf Dauer mehr oder weniger Räume angemietet oder gepachtet werden
- wenn auf Dauer höhere oder niedrigere Wartungskosten anfallen
- wenn sich auf Dauer der Reinigungsumfang oder die Reinigungsqualität ändern.

Beispiel Fixe Kosten

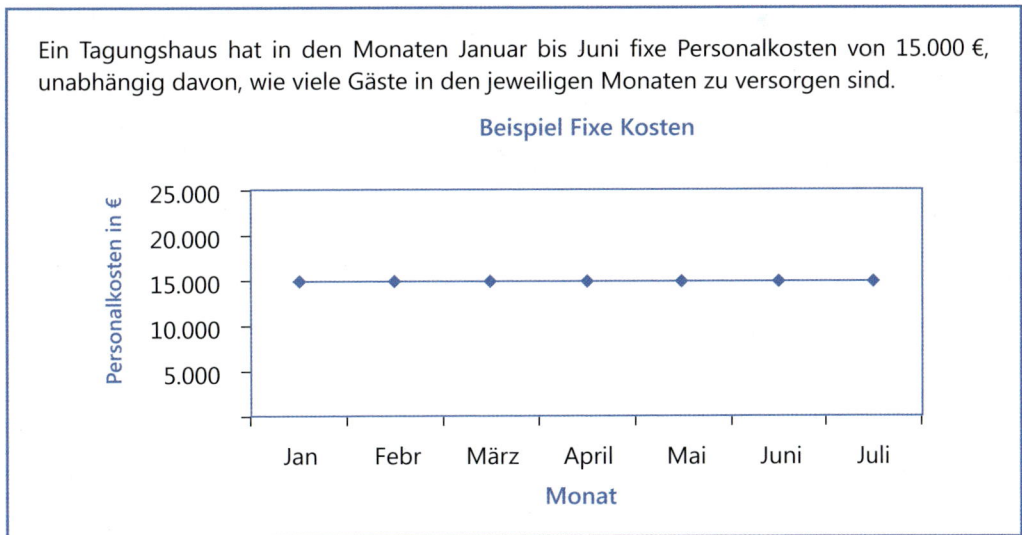

Ein Tagungshaus hat in den Monaten Januar bis Juni fixe Personalkosten von 15.000 €, unabhängig davon, wie viele Gäste in den jeweiligen Monaten zu versorgen sind.

Variable Kosten

Variable Kosten sind dagegen abhängig von der Produktmenge oder dem Umfang der erbrachten Dienstleistungen. Sie variieren.

Typische variable Kosten in einem Tagungshaus sind

- Lebensmittelkosten
abhängig von der Anzahl der Essensteilnehmer

- Reinigungsmittelkosten
abhängig von der Anzahl der zu reinigenden Räume

- Energiekosten
abhängig von der Belegung der Zimmer und der Seminarräume

- Kosten für verbrauchsabhängige Medien wie Moderationsmaterial, Flipchartpapier u. a.
abhängig von der Belegung der Räume und den Anforderungen
der Seminarveranstalter

- Kosten für Entsorgung
abhängig von der Abfallmenge

- Kosten für die Wäschepflege
abhängig von der Zahl der Übernachtungen

Auf der folgenden Seite finden Sie ein Beispiel für variable Kosten.

Die Unterscheidung nach fixen und variablen Kosten ist eine wichtige Voraussetzung für die Deckungsbeitragsrechnung (s. Kap. 3.5)

Gesamtkosten

Die Gesamtkosten sind die Summe aus fixen Kosten und variablen Kosten.

```
  fixe Kosten
+ variable Kosten
= Gesamtkosten
```

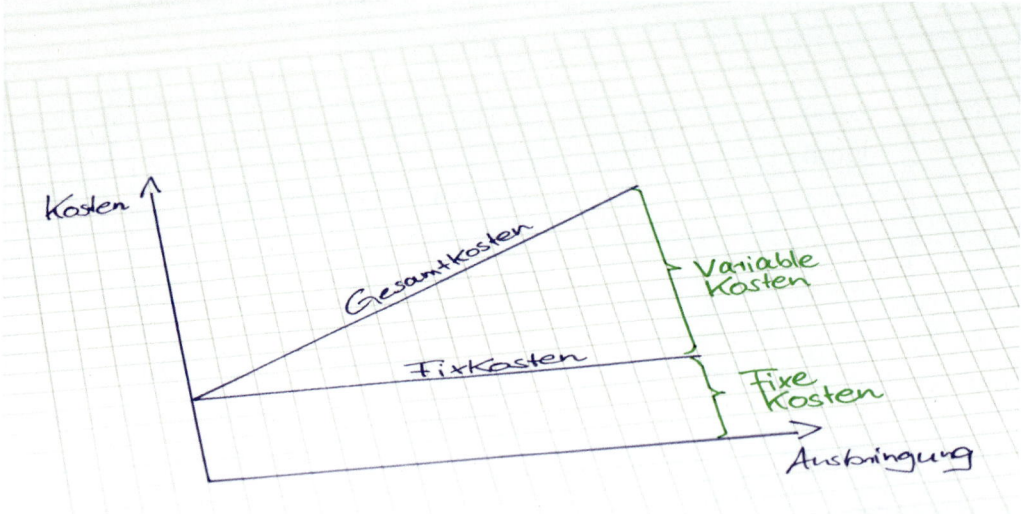

Beispiel Variable Kosten

Ein Tagungshaus hat in den Monaten Januar bis Juni folgende Anzahl von Übernachtungsgästen:

Januar   400 Gäste
Februar 1.000 Gäste
März   600 Gäste
April   1.000 Gäste
Mai   800 Gäste
Juni   1.000 Gäste

Wenn pro Übernachtungsgast für die Bett- und Frotteewäsche Kosten in Höhe von 1,40 € anfallen, betragen die Kosten

im Januar   560 €
im Februar   1.400 €
im März   840 €
im April   1.400 €
im Mai   1.120 €
im Juni   1.400 €

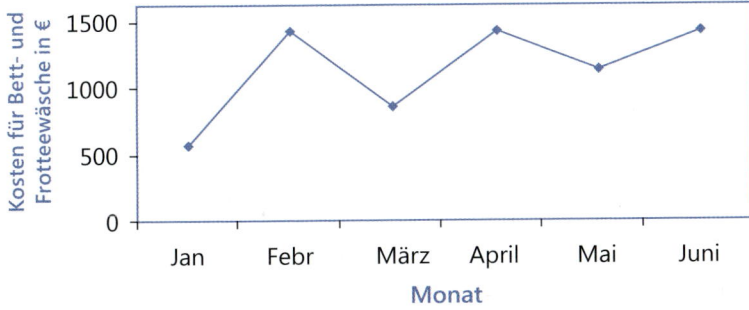

3.5   Kostenarten-, Kostenstellen- und Kostenträgerrechnung

Aufgabe der Kostenrechnung ist es, Kosten festzustellen, zuzuordnen und exakte Kosten für konkrete Leistungen zu berechnen.

Mit den drei Begriffen

- feststellen
- zuordnen
- berechnen

lassen sich die drei Ebenen der Kostenrechnung kennzeichnen, nämlich die

- Kostenartenrechnung
- Kostenstellenrechnung
- Kostenträgerrechnung

3.5.1 Kostenartenrechnung

Kostenarten

In der Kostenartenrechnung wird festgestellt, welche Arten von Kosten anfallen. Dies können z. B. sein:

- Personalkosten
- Lebensmittelkosten
- Reinigungsmittelkosten
- Energiekosten
- Reparaturkosten für Maschinen und Geräte
- Versicherungskosten
- Steuern
- Kalkulatorische Kosten

Kalkulatorische Kosten sind Kosten, denen nicht direkt eine konkrete Leistung gegenübersteht.

Bei den Personalkosten steht die erbrachte Arbeitsleistung des Personals gegenüber, bei den Lebensmittelkosten die tatsächlich beschafften Lebensmittel, bei den Reparaturkosten die durchgeführte Reparatur.

Die zwei kalkulatorischen Kostenarten für hauswirtschaftliche Dienstleistungsunternehmen sind die

- kalkulatorischen Zinsen und
- kalkulatorischen Abschreibungen

Als Grundlage für die Berechnung der Zinsen wird das Betriebsvermögen bewertet und mit einem zZt. geltenden Zins belegt. Dieser kalkulatorische Zins drückt aus, welchen Zins das Unternehmen erwirtschaften könnte, wenn das Vermögen nicht im Unternehmen gebunden wäre. Diesen Zins zu berechnen ist Aufgabe der Kostenrechner und wird hier nicht näher erläutert. Mit den kalkulatorischen Abschreibungen wird der Werteverzehr von langlebigen Wirtschaftsgütern als Kosten angesetzt (s. Kap. 3.2).

So berechnen sich z. B. die kalkulatorischen Abschreibungen für die hauseigene Wäscheversorgung, indem alle langlebigen Wirtschaftsgüter erfasst und mit ihren Abschreibungssätzen belegt werden.

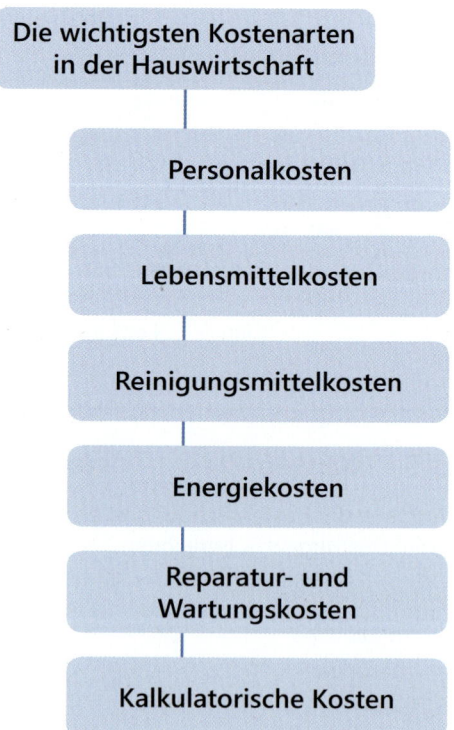

Die wichtigsten Kostenarten in der Hauswirtschaft

Personalkosten

Lebensmittelkosten

Reinigungsmittelkosten

Energiekosten

Reparatur- und Wartungskosten

Kalkulatorische Kosten

**Beispiel: Jährliche kalkulatorische Abschreibungen
für eine hauseigene Versorgung der Bewohnerwäsche**

An- zahl	Wirtschaftsgut	Wieder- beschaf- fungs- wert	Lebens- dauer	Kalkul. Abschreibungen
1	24-kg-Waschautomat Durchlade- maschine	37.000 €	10 Jahre	3.700 €
1	7,5-kg-Mopp-Waschschleuder- automat	7.000 €	10 Jahre	700 €
1	6,5-kg-Waschschleuderautomat	2.400 €	10 Jahre	240 €
1	30-kg-Trockenautomat	7.800 €	10 Jahre	780 €
1	10-kg-Trockenautomat	3.600 €	10 Jahre	360 €
1	6,5-kg-Trockenautomat	1700 €	10 Jahre	170 €
1	Bügelstation	700 €	10 Jahre	70 €
6	Sortierregalwagen à 450 €	2.700 €	12 Jahre	225 €
2	Transportwagen à 430 €	860	12 Jahre	72 €
1	Thermopatchmaschine mit EDV-System	2.600	8 Jahre	325 €
12	Dreifachwäschesammler mit Tret- mechanismus und Deckel à 320 €	3.840	10 Jahre	384 €
150	Wäschesäcke à 6,50 €	975	8 Jahre	122 €
	anteilige Gebäudekosten	50.000	50 Jahre	1.000 €
	Summe			**8.148 €**

Gemeinkosten und Einzelkosten

Ob eine Kostenart zu den

- Einzelkosten oder
- Gemeinkosten

zählt, hängt davon ab, ob sie eindeutig dem Verursacher zugeordnet werden kann.

Hierbei gilt:

- Einzelkosten können dem Verursacher (Kostenträger) direkt zugeordnet werden.
- Gemeinkosten können dem Verursacher (Kostenträger) nicht direkt zugeordnet werden: Sie werden prozentual verteilt.

Beispiel

- Lebensmittelkosten: eindeutige Zuordnung zur Speisenproduktion möglich, also Einzelkosten
- Energiekosten: eindeutige Zuordnung nicht möglich, da Energie im gesamten Betrieb verbraucht wird, also Gemeinkosten. Die gesamten Energiekosten werden prozentual auf die Abteilungen (Kostenstellen) verteilt.

3.5.2 Kostenstellenrechnung

In der Kostenstellenrechnung werden die Kosten den einzelnen Abteilungen (Kostenstellen) zugeordnet. Die Kostenarten, die Gemeinkosten darstellen, werden auf die in der Einrichtung vorhandenen Abteilungen aufgeteilt.

Jeder Betrieb erstellt zu diesem Zweck einen Kostenstellenrahmen und versieht zur Übersichtlichkeit jede Kostenstelle mit einer Nummer.

So wird z. B. in vielen Alten- und Pflegeheimen nach dem nebenstehenden Kostenstellenrahmen gearbeitet (in Anlehnung an die Pflegebuchführungsverordnung, Anlage 5 Muster Kostenstellenrahmen für die Kosten- und Leistungsrechnung).

Für die Zuordnung der Kostenarten auf die Kostenstellen wird ein so genannter Betriebsabrechnungsbogen (BAB) eingesetzt.

Im Betriebsabrechnungsbogen werden in der linken Spalte die Kostenarten aufgelistet und in der ersten Zeile die Kostenstellen.

Die Einzelkosten können dabei unmittelbar der Kostenstelle zugeordnet werden. Für die Gemeinkosten muss ein prozentualer Schlüssel festgelegt werden. Dies ist Aufgabe der Kostenrechner.

Nicht jede Kostenart ist immer eindeutig den Einzel- oder den Gemeinkosten zuzuordnen. In der Regel sind Personalkosten Einzelkosten:

- Küchenleitung und Küchenmitarbeiter sind eindeutig der Küche zuzuordnen, also Einzelkosten
- Wäschereileitung und Wäschereimitarbeiter sind eindeutig der Wäscherei zuzuordnen, also Einzelkosten
- usw.

Die Personalkosten der Hauswirtschaftsleitung, die für alle hauswirtschaftlichen Teilbereiche zuständig ist, zählen jedoch zu den Gemeinkosten und müssen nach einem Schlüssel verteilt werden, z. B.

- Verpflegung   50 %
- Reinigungsdienst   20 %
- Wäscheversorgung 15 %
- Raumgestaltung   5 %

Achtung: Dieser Schlüssel besagt nicht, dass eine Hauswirtschaftsleitung zu 50 % in der Küche, zu 20 % in der Reinigung usw. mitarbeitet, sondern er besagt, dass 50 % ihres Stundenumfangs in die Leitung der Küche, 20 % in die Leitung des Reinigungsdienstes usw. fließen.

Beispiel Kostenstellenrahmen

Kostenstellenrahmen für ein Alten- und Pflegeheim

90 Allgemeine Kostenstellen
900 Gebäude einschließlich Grundstücke
901 Außenanlagen
902 Leitung und Verwaltung der Pflegeeinrichtung
903 Hilfs- und Nebenbetriebe
904 Ausbildung, Fortbildung
905 Personaleinrichtungen

91 Versorgungseinrichtungen
910 Wäscherei
911 Küche
912 Hol- und Bringedienst
913 Zentrale Sterilisation
914 Zentraler Reinigungsdienst
915 Energieversorgung
916 Sonstige

92 Häusliche Pflegehilfe
920 Pflegebereich Pflegeklasse I
921 Pflegebereich Pflegeklasse II
922 Pflegebereich Pflegeklasse III
923 Pflegebereich Pflegeklasse III – Härtefälle

93 Teilstationäre Pflege (Tagespflege)
930 Pflegebereich Pflegeklasse I
931 Pflegebereich Pflegeklasse II
932 Pflegebereich Pflegeklasse III
933 Pflegebereich Pflegeklasse III – Härtefälle

94 Teilstationäre Pflege (Nachtpflege)
940 Pflegebereich Pflegeklasse I
941 Pflegebereich Pflegeklasse II
942 Pflegebereich Pflegeklasse III
943 Pflegebereich Pflegeklasse III – Härtefälle

95 Vollstationäre Pflege
950 Pflegebereich Pflegeklasse I
951 Pflegebereich Pflegeklasse II
952 Pflegebereich Pflegeklasse III
953 Pflegebereich Pflegeklasse III – Härtefälle

96 Kurzzeitpflege
960 Pflegebereich Pflegeklasse I
961 Pflegebereich Pflegeklasse II
962 Pflegebereich Pflegeklasse III
963 Pflegebereich Pflegeklasse III – Härtefälle

Auszug aus einem Betriebsabrechnungsbogen (BAB) – vereinfachtes Beispiel
(€-Beträge gerundet)

Kostenarten	Kosten in €	Kostenstellen			
		1	**2**	**3**	**4**
		Küche	**Wäsche**	**Reinigung**	**Weitere ...**
Einzelkosten (aus Kostenartenrechnung direkt übernommen)					
Entgelte	**5.000.000**	290.000	200.000	250.000	4.260.000
Nebenkosten der Entgelte	**50.000**	5.000	1.500	2.500	41.000
Fortbildungskosten	**25.000**	2.500	750	1.250	20.500
Arbeitskleidung	**25.000**	2.500	750	1.250	20.500
sonstige Sozialkosten	**10.000**	1.000	300	500	8.200
Lebensmittel	**280.000**	280.000	-	-	-
Waschmittel	**10.000**	-	10.000	-	-
Reinigungs- u. Desinfektionsmittel	**12.000**	-	-	12.000	-
Summe der Einzelkosten	**5.412.000**	581.000	213.300	267.500	4.350.200
Gemeinkosten (über einen prozentualen Schlüssel zugeordnet)					
Personalkosten Leitung	**280.000**	25.000	12.500	12.500	230.000
Betriebsmittel	**250.000**	25.000	10.000	10.000	205.000
Energie	**500.000**	100.000	60.000	20.000	320.000
Wasser und Abwasser	**50.000**	6.000	10.000	6.000	28.000
Abfall	**25.000**	5.000	1.000	5.000	14.000
Reparatur, Instandhaltung	**25.000**	5.000	3.000	3.000	14.000

→ Fortsetzung auf S. 83

← Fortsetzung von S. 82

Versicherung	**10.000**	1.000	1.000	1.000	7.000
kalkulatorische Abschreibungen	**300.000**	30.000	20.000	10.000	240.000
kalkulatorische Zinsen	**100.000**	20.000	10.000	5.000	65.000
Summe der Gemeinkosten	**1.540.000**	217.000	127.500	72.500	1.123.000
Gesamtsumme	**6.952.000**	798.000	340.800	340.000	5.473.200

Der folgenden Aufstellung können Sie entnehmen, wie Sie an die notwendigen Informationen für die Kostenermittlung gelangen.

Kostenarten	Notwendige Informationen zur Kostenermittlung
Entgelte	Personalbedarfsberechnungen
Nebenkosten der Entgelte	Geltender Tarifvertrag Eingruppierung
Fortbildungskosten	Informationen aus der Personalverwaltung
Arbeitskleidung	
sonstige Sozialkosten	
Personalkosten Leitung	
Lebensmittel	Rechnungen bzw. Preislisten
Waschmittel	▪ über Lebensmittel über Wasch-, Reinigungs- und Hilfsmittel
Betriebsmittel	▪ des Energieversorgers der Kommune
Energie	
Wasser und Abwasser	
Abfall	

Kostenarten	Notwendige Informationen zur Kostenermittlung
Reparatur, Instandhaltung	ca. 3 % des Wiederbeschaffungswertes
Versicherung	Rechnungen der Versicherungen
kalkulatorische Abschreibungen	ca. 10 % des Wiederbeschaffungswertes
kalkulatorische Zinsen	ca. 5 % des Wiederbeschaffungswertes

In welchem Verhältnis die Einzelkosten zu den Gemeinkosten stehen, drückt der Gemeinkostenzuschlagsatz aus.

Er errechnet sich aus

$$\frac{\text{Gemeinkosten x 100}}{\text{Einzelkosten}} = \text{Gemeinkostenzuschlagsatz}$$

Die folgende Tabelle bildet einen Ausschnitt aus dem Beispiel-BAB. Er stellt die Einzelkosten und Gemeinkosten gegenüber, mit denen sich die Gemeinkostenzuschlagsätze errechnen lassen.

	Küche	Wäsche	Reinigung
Summe der Einzelkosten	581.000	213.300	267.500
Summe der Gemeinkosten	217.000	127.500	72.500

Anhand dieser Zahlen errechnen sich für Küche, Wäsche und Reinigung folgende Gemeinkostenzuschlagsätze:

Gemeinkostenzuschlagsatz Küche

$$\frac{217.000 \text{ x } 100}{581.000} = 37,3 \%$$

Gemeinkostenzuschlagsatz Wäsche

$$\frac{127.500 \text{ x } 100}{213.300} = 59,8 \%$$

Gemeinkostenzuschlagsatz Reinigung

$$\frac{72.500 \text{ x } 100}{267.500} = 27,1 \%$$

Diese Gemeinkostenzuschlagsätze werden in der Kostenträgerrechnung benötigt.

Das Beispiel dient dazu, die Rechenwege zu verdeutlichen. Die Zahlen sind nicht kritiklos zu übernehmen, sondern müssen für jede Einrichtung exakt berechnet und auch immer wieder überprüft und angepasst werden.

3.5.3 Kostenträgerrechnung

Es genügt nun aber nicht, zu wissen, wie viel Kosten die einzelnen Kostenstellen verursachen. Für ein wirtschaftliches Arbeiten ist es notwendig zu wissen, was die einzelnen Dienstleistungen und Produkte kosten.

In der Kostenträgerrechnung werden diese Kosten berechnet. Die Kostenträgerrechnung bezeichnet man auch als Kalkulation. Welche Kostenträger ein Betrieb festlegt, ist ganz unterschiedlich. Es hängt davon ab, welche Leistung er verkaufen und kalkulieren muss/will.

Beispiel

Beispiele von Kostenträgern

Speisenversorgung
Dreigängiges Mittagsmenü
Abendverpflegung
Kalt-warmes Büfett
Service im Restaurant
Service im Zimmer
Spülküche

Wäscheversorgung
Wäsche des Wohnbereiches A
Wäsche des Wohnbereiches B
Wäschepflege einer Bluse oder anderer
Bekleidungsstücke
Wäschepflege von Flach- und
Frotteewäsche
Gardinenreinigung
Ausbesserungsarbeiten
Wäschetransport

Reinigung
Reinigung eines Raumes
Reinigung einer Raumgruppe
Gesamte Hausreinigung
Grundreinigung eines Raumes
Teppichgrundreinigung
Sonderreinigung

Wohnen
Weihnachtsdekoration
Sommerbepflanzung
Renovierung eines Gästezimmers
Reparaturdienst
Umzugshilfe

Betreuung
Koch-/Bastelgruppe
Ausflug oder andere
Freizeitveranstaltungen

Achtung: „Kostenträger" im Sinne der Kosten- und Leistungsrechnung sind nicht zu verwechseln mit dem Begriff „Kostenträger" in der Sozialgesetzgebung. Hier sind mit „Kostenträger" die Institutionen gemeint, die die Kosten für den Kunden tragen, z. B. die Krankenkassen für die Patienten in einem Krankenhaus oder die Pflegekassen für die Bewohner eines Alten- und Pflegeheimes.

Kalkulationsbeispiele

Ziel der Kalkulation ist es, die Selbstkosten für ein Produkt oder eine Dienstleistung zu ermitteln.

Beispiel 1: Kalkulation eines Menüs

Wollen Sie die Kosten für ein dreigängiges Mittagsmenü ermitteln, greifen Sie auf die Daten
- aus dem Betriebsabrechnungsbogen
- und die Berechnung des Gemeinkostenzuschlags
zurück.

Die Selbstkosten für das Menü setzen sich aus den Einzel- und den Gemeinkosten zusammen. Die Gemeinkosten müssen nicht für jede Kalkulation neu errechnet werden, sondern werden als Zuschlag zu den Einzelkosten „dazu geschlagen". Diese Form der Kalkulation heißt Zuschlagskalkulation.

Die Herstelleinzelkosten für die Produktion eines Menüs setzen sich zusammen aus

- den Materialkosten (Lebensmittelkosten) und
- den Fertigungskosten (Personalkosten)

Zu den Herstelleinzelkosten werden die Gemeinkosten, die sich über den Gemeinkostenzuschlagsatz errechnen, addiert.

Für das folgende Beispiel sind diese Zahlen vorgegeben:

- Anzahl der Menüs: 250/Tag, das sind 7.605/Monat
  (1 Monat hat statistisch 30,42 Tage)
- Lebensmittelkosten: 20.000,00 €/Monat
- Personalkosten: 23.000 €/Monat
- Gemeinkostenzuschlagsatz: 40 %

Berechnung Herstellkosten

	Lebensmittelkosten	20.000,00 €
+	Personalkosten	23.000,00 €
=	Herstelleinzelkosten	43.000,00 €
+	Gemeinkostenzuschlag (40 % v.43.000,00 €)	17.200,00 €
=	Herstellkosten	60.200,00 €

Zu den Herstellkosten müssen die Kosten für die Verwaltung und den Vertrieb addiert werden. Diese werden auch als prozentuale Zuschläge angesetzt. Diese Prozentsätze errechnen die Kostenrechner in der Betriebsbuchhaltung.

In unserem Beispiel werden

- für Verwaltung 4 %
- für Vertrieb   6 %

festgelegt.

So ergibt sich folgende Rechnung für die Selbstkosten:

Berechnung Selbstkosten

	Herstellkosten	60.200,00 €
+	Verwaltungskosten (4 % v.60.200,00 €)	2.408,00 €
+	Vertriebskosten (6 % v.60.200,00 €)	3.612,00 €
=	Selbstkosten	66.220,00 €

Die Selbstkosten für 1 Menü errechnen sich aus:

$$\frac{\text{Gesamte Selbstkosten}}{\text{Anzahl der Menüs}} = \text{Selbstkosten/Menü}$$

$$\frac{66.220,00\ \text{€}}{7.605\ \text{Menüs}} = 8,71\ \text{€/Menü}$$

In diesem Beispiel wurden

- die monatlichen Lebensmittelkosten
- und monatlichen Personalkosten

als bekannt vorausgesetzt. Diese Kosten ermittelt die Betriebsbuchhaltung und stellt sie Ihnen einmal monatlich zur Verfügung. Es handelt sich hier also um eine Nachkalkulation.

Sie dient dazu, zeitnah die Wirtschaftlichkeit zu überwachen.

Die Vorkalkulation dient dazu

- einen Angebotspreis zu errechnen
- oder die Höhe eines Monats- oder Jahresbudgets zu ermitteln.

Im folgenden Beispiel wird wieder ein Mittagsmenü für 250 Personen berechnet.

Bei der Vorkalkulation müssen die Lebensmittelkosten und Personalkosten selbst ermittelt werden.

Zur Berechnung der Lebensmittelkosten benötigen Sie den Wareneinsatz und die Preisliste. Die Lebensmittel werden mengenmäßig erfasst und mit den Preisen bewertet.

Wareneinsatz	Grundpreis	benötigt Menge	Kosten
Schweinefleisch	7,00 €/kg	30,00 kg	210,00 €
...	...	...	...
...	...	...	...
...	...	...	...
...	...	...	...
Summe			**655,00 €**

Zur Berechnung der Personalkosten benötigen Sie den

- Personalbedarf
- den Stellenplan
- die Höhe der Gehälter und der Lohnnebenkosten der Mitarbeiter
- und die Arbeitspläne.

Der Personalbedarf für die Vollverpflegung von 250 Personen mit 5 Mahlzeiten beträgt 12,5 VZK mit folgendem Stellenplan:

Stellenplan

Stellenbesetzung			Gesamtstunden
1	Küchenleitung	40 Std.	40
1	Hauswirtschaftsleitung als stellvertretende Küchenleitung	40 Std.	40
2	Meisterinnen der Hauswirtschaft	40 Std.	80
3	Hauswirtschafterinnen	40 Std.	120
11	angelernte Küchenhilfen	20 Std.	220
18	Mitarbeiter		**500 = 12,5 VZK**

Entgelte, Nebenkosten und weitere Arbeitskosten

Über diese Kosten gibt die Personalabteilung Auskunft.

Mitarbeiter		monatliche Personalkosten pro Stelle	gesamte monatliche Personalkosten
1	Küchenleitung	4.300 €	4.300 €
1	Hauswirtschaftsleitung als stellvertretende Küchenleitung	4.000 €	4.000 €
2	Meisterinnen der Hauswirtschaft	3.600 €	7.200 €
3	Hauswirtschafterinnen	3.000 €	9.000 €
11	angelernte Küchenhilfen	1.150 €	12.650 €
18	Mitarbeiter		**37.150 €**

Arbeitspläne

Anhand von Arbeitsplänen wird ermittelt, dass

- die Fachkräfte 75,00 % ihrer AZ für das Mittagessen
- die angelernten Kräfte   33,33 % ihrer AZ für das Mittagessen

aufwenden.

Die Summe der Personalkosten der Fachkräfte beträgt 24.500 €.

Die der angelernten Kräfte beträgt   12.650 €.

Mitarbeiter		gesamte monatliche Personalkosten	monatlicher Anteil für das Mittagessen
7	Fachkräfte	24.500 €	75,00 % von 24.500 € = 18.375 €
11	Angelernte	12.650 €	33,33 % von 12.650 € = 4.216 €
		37.150 €	22.591 €

Personalkosten für das Mittagessen/Tag

$$\frac{22.591,00\ €}{30,42\ Tage} = 742,64\ €/Tag$$

Die weitere Kalkulation erfolgt in denselben Schritten wie bei der Nachkalkulation:

Berechnung Selbstkosten für 250 Menüs

	Lebensmittelkosten	655,00 €
+	Personalkosten	742,64 €
=	Herstelleinzelkosten	1.397,64 €
+	Gemeinkostenzuschlag (40 % v.1.397,64 €)	559,05 €
=	Herstellkosten	1.956,69 €
+	Verwaltungskosten (4 % v.1.956,69 €)	78,27 €
+	Vertriebskosten (6 % v.1.956,69 €)	117,40 €
=	Selbstkosten	2.152,36 €

Die Selbstkosten für 1 Menü errechnen sich aus:

$$\frac{Gesamte\ Selbstkosten}{Anzahl\ der\ Menüs} = Selbstkosten/Menü$$

$$\frac{2.152,36\ €}{250\ Menüs} = 8,61\ €/Menü$$

Für Non-Profit-Unternehmen endet hier die Kalkulation, gewinnorientierte Unternehmen addieren zu den Selbstkosten einen (selbst festzulegenden) Gewinn.

	Selbstkosten	8,61 €
+	Gewinn	2,79 €
=	Preis für den Kunden	11,40 €

Beispiel 2: Kalkulation der Reinigung einer stationären Einrichtung

Das Kalkulationsprinzip lässt sich genauso auf die Reinigung anwenden.

Das Beispiel knüpft an die Personalbedarfsrechnung einer stationären Einrichtung mit 62 Bewohnern an (s. Kap 2.3.5) Dort wurde ein Personalbedarf von 3,2 VZK ermittelt.

Für die Kalkulation der Reinigungsdienstleistung greifen Sie wiederum auf die Informationen

- aus dem Betriebsabrechnungsbogen
- und die Berechnung des Gemeinkostenzuschlags

zurück.

Die Einzelkosten für die Reinigung setzen sich aus

- Materialkosten (Reinigungs- und Desinfektionsmittel) und
- den Fertigungskosten (Personalkosten)

zusammen.

Für das folgende Beispiel sind diese (gerundeten) Zahlen vorgegeben:

- Gesamtfläche lt. Raumbuch: 3.330 m2
- Reinigungsturnus lt. Beispiel S. 38
- Reinigungschemie und Arbeitsmittel: 8.000 €/Jahr
- Personalkosten der 3,2 VZK: 72.000 €/Jahr
- Gemeinkostenzuschlag: 30 %
- Zuschlag für Verwaltung: 4 %
- Zuschlag für Vertrieb: 6 %

Mit diesen Angaben errechnen Sie nach der bekannten Vorgehensweise die Selbstkosten für die Reinigung der gesamten stationären Einrichtung.

Berechnung Selbstkosten Reinigung

	Reinigungschemie und Arbeitsmittel	8.000 €
+	Personalkosten	72.000 €
=	Reinigungseinzelkosten	80.000 €
+	Gemeinkostenzuschlag (30 % v.80.000 €)	24.000 €
=	Reinigungskosten	104.000 €
+	Verwaltungskosten (4 % v.104.000 €)	4.160 €
+	Vertriebskosten (6 % v.104.000 €)	6.240 €
=	Selbstkosten Reinigung	114.400 €

Dividiert man die jährlichen Selbstkosten durch die Anzahl der Bewohner und die Anzahl der Tage im Jahr, so erhält man die Höhe der Kosten pro Bewohner (BW) und Tag.

$$\frac{114.400 \text{ €/Jahr}}{62 \text{ BW}} = 1.845 \text{ €/BW/Jahr}$$

$$\frac{1.845 \text{ €/BW/Jahr}}{365 \text{ Tage}} = 5,05 \text{ €/BW/Tag}$$

Beispiel 3: Kalkulation der Wäscheversorgung von Bewohnerwäsche

Auch für die Wäsche setzen Sie dieses Kalkulationsschema ein, z. B.

Berechnung Selbstkosten Wäscheversorgung	
Waschmittel	10.000 €
+ Personalkosten	153.300 €
= Wäscheeinzelkosten	163.300 €
+ Gemeinkostenzuschlag (60 % v. 163.300)	97.980 €
= Wäschekosten	261.280 €
+ Verwaltungskosten (4 % v.261.280 €)	10.451 €
+ Vertriebskosten (6 % v.261.280 €)	15.677 €
= Selbstkosten Wäscheversorgung	287.408 €

Deckungsbeitragsrechnung

Ziel der Kalkulation ist es, herauszufinden, wie teuer eine Dienstleistung oder ein Produkt sein muss, damit die erzielten Erlöse die Kosten decken, die notwendig sind, die Dienstleistung oder das Produkt zu erbringen.

Um dies zu errechnen, kann man die vollen Kosten ansetzen oder aber nur einen Teil der Kosten. Die beiden Varianten werden als

- Vollkostenrechnung und
- Teilkostenrechnung

bezeichnet.

Die bisher vorgestellten Kalkulationen gehen alle von einer Vollkostenrechnung aus. Alle Kostenarten werden in voller Höhe in die Berechnung einbezogen und auch die Kosten für Verwaltung und Vertrieb einer Dienstleistung gehen prozentual in die Berechnung ein.

Für einzelne Dienstleistungen oder Produkte kann es jedoch sinnvoll sein, auf einen Teil der Kosten, nämlich auf die Fixkosten, zu verzichten. Ob Sie im Einzelfall auf alle Fixkosten verzichten oder nur auf einen Teil, bestimmt das Unternehmen für jedes Produkt/jede Dienstleistung selbst. Die variablen Kosten müssen jedoch in jedem Fall gedeckt sein (Erläuterung zu fixen und variablen Kosten s. Kap. 3.4).

Beispiel

Im Beispiel 1: Kalkulation eines Menüs wurden die Selbstkosten für ein 3-gängiges Mittagsmenü nach der Vollkostenrechnung mit 8,71 € ermittelt.

Teilkostenrechnung Variante 1:

Einer Ihrer Bewohner meldet – was selten vorkommt – für das Mittagessen sechs Gäste an. Es steht Ihnen natürlich frei, den Gästen das Essen zu diesem Preis in Rechnung zu stellen. Möglicherweise ist es den Gästen aber zu teuer. Sie könnten einen günstigeren Preis anbieten, wenn Sie nur einen Teil der Kosten berechnen.

Wenn Sie täglich regelmäßig 250 Menüs kochen, machen Sie keinen Verlust, wenn Sie an einem Tag für 256 Personen kochen, und für die sechs Menüs lediglich die variablen Lebensmittelkosten von 2,63 €/Menü mit einem kleinen Zuschlag von 0,07 €, also 2,70 € ansetzen.

Teilkostenrechnung Variante 2:

Sollte es jedoch zu Ihrem Konzept gehören, dass Sie gezielt Gästeessen anbieten und bewerben, rechnet es sich nicht, wenn Sie nur die Lebensmittelkosten ansetzen. Hier würde man zwar noch keine Vollkostenrechnung vornehmen, aber einen Teil der Fixkosten zum Ansatz bringen.

Variable Kosten

- Lebensmittelkosten

Fixkosten

- Personalkosten
- Verwaltungs- und Vertriebskosten

Somit ergibt sich folgende Teilkostenrechnung:

Kostenart	Berechnungsweg	Kosten/Menü
Lebensmittelkosten	20.000 € : 7.605 Menüs	2,63 €
Personalkosten	23.000 € : 7.605 Menüs	3,02 €
Zwischensumme		5,65 €
Verwaltungs- und Vertriebskosten	10 % von 5,65 €	0,57 €
Summe		6,22 €

Nach dieser Teilkostenrechnung berechnen Sie den Gästen 6,22 € für ein Mittagsmenü.

Teilkostenrechnung Variante 3:

Die Kapazität Ihrer Küche lässt es zu, dass Sie regelmäßig neben den selbst benötigten 250 Menüs weitere 50 Menüs für eine benachbarte Tageseinrichtung produzieren.

Hier ist es wirtschaftlich, alle Kostenarten bis auf die kalkulatorischen Abschreibungen und kalkulatorischen Zinsen anzusetzen. Die Abschreibungen und Zinsen sind gleich hoch, egal ob Sie 250 oder 300 Menüs kochen. (Sie würden sich erst dann verändern, wenn der zusätzliche Auftrag so umfangreich wäre, dass Sie zusätzliche Geräte oder Maschinen anschaffen müssten.)

Wenn Sie also auf die kalkulatorischen Kosten verzichten, würde der Gemeinkostenzuschlag auf 34 % sinken, denn die kalkulatorischen Abschreibungen und Zinsen sind ja in den Gemeinkosten enthalten.

So ergibt sich folgende Teilkostenrechnung für 50 Menüs:

Berechnung Selbstkosten für 50 Menüs	
Lebensmittelkosten	131,50 €
+ Personalkosten	151,00 €
= Herstelleinzelkosten	282,50 €
+ Gemeinkostenzuschlag (34 % v. 282,50 €)	96,05 €
= Herstellkosten	378,55 €
+ Verwaltungskosten (4 % v.378,55 €)	15,14 €
+ Vertriebskosten (6 % v.378,55 €)	22,71 €
= Selbstkosten	416,40 €

416,40 € : 50 Menüs = 8,33 €/Menü

Gegenüberstellung der drei Varianten der Teilkostenrechnung und Vollkostenrechnung.

Art der Berechnung des Deckungsbeitrags	Selbstkosten
Vollkostenrechnung	8,71 €/Menü
Teilkostenrechnung Variante 1	2,70 €/Menü
Teilkostenrechnung Variante 2	6,22 €/Menü
Teilkostenrechnung Variante 3	8,33 €/Menü

Weitere mögliche Varianten sind jedem Betrieb selbst überlassen.

3.6 Budget

Das Budget – oder der Haushaltsplan/Etat – ist ein Planungs- und Überwachungsinstrument. Jedes Unternehmen stellt gegen Ende des Geschäftsjahres ein Budget auf, in dem es seine Erlöse und Aufwendungen plant. Als Hauswirtschaftsleitung planen Sie den Bedarf für den Bereich Hauswirtschaft und melden ihn frühzeitig an. Da die anderen Abteilungen ihre Bedarfe ebenfalls melden, kommt es in der Regel dazu, dass die Aufwendungen die Erlöse überschreiten. Hier entscheidet die Geschäftsführung, wie die Gelder verteilt werden. Wenn Sie Ihr Budget anmelden, geben Sie also unbedingt gute Begründungen für Ihre Aufwendungen an.

Aufgabe Ihrer Kollegen aus dem Rechnungswesen – in großen Unternehmen sind das die Controller – ist es, ein System zur Überwachung zu entwickeln. Ein gutes Controlling stellt Ihnen monatlich die Zahlen für den Bereich Hauswirtschaft zur Verfügung. Ihre Aufgabe ist es, diese zu prüfen und eventuell zu reagieren und gegenzusteuern. Dabei sollten Sie Ihre Kollegen aus dem Rechnungswesen nicht als „Kontrolleure" ansehen, sondern als Betriebswirte, die Sie beim hauswirtschaftlichen Controlling unterstützen.

Auf der folgenden Seite sehen Sie einen Auszug aus dem Budget für die Periode Dezember 20..

(Tagungszentrum Hohenheim der Diözese Rottenburg-Stuttgart)

Erläuterungen:

Spalte 1   Höhe der Ist-Erlöse bzw. Aufwendungen

Spalte 2   Bei den Erlösen: prozentualer Anteil an den Gesamterlösen.
Bei den Aufwendungen: prozentualer Anteil an den Gesamtaufwendungen (fett gedruckt), bzw. prozentualer Anteil an der Aufwandsart (nicht fett gedruckt)
So beträgt beim Wareneinsatz die Summe der Prozentsätze für Speisen (75,23 %), Getränke (12,88 %) und Sonstiges (11,89 %) 100 % (nicht fett gedruckt), der darunter stehende, fettgedruckte Prozentsatz 21,36 bezieht sich allerdings auf die Gesamtaufwendungen, d. h. der gesamte Wareneinsatz macht 21,36 % von den gesamten Aufwendungen aus.

Spalte 3   Höhe des geplanten Budgets

Spalte 4   analog Spalte 2, bezogen auf das geplante Budget

Spalte 5   Differenz: Spalte 1 – Spalte 3

Spalte 6   Höhe der Ist-Erlöse bzw. Aufwendungen aus dem Vorjahr

Spalte 7   analog Spalte 2, bezogen auf die Ist-Werte aus dem Vorjahr

Ausführliche Darstellungen zur Budgetplanung und -überwachung finden Sie in „Betriebs- und Unternehmensführung Band 3".

Beispiel Ergebnis 12/20..., Tagungshaus Hohenheim

Bezeichnung	Periode Dezember 20...						
	1	2	3	4	5	6	7
	Ist	%	Budget	%	Differenz	Vorjahr	%
Erlöse							
Erlöse Unterkunft – eigene	12.990,00	16,42	24.163,00	49,94	–11.173,00	23.097,03	39,99
Erlöse Unterkunft – Gast	17.003,98	21,49	0,00		17.003,98	8.986,79	15,56
Erlöse Speisen	35.360,29	44,69	20.837,00	43,07	14.523,29	17.658,94	30,57
Erlöse Raummiete	6.2,59,24	7,91	2.555,00	5,28	3.704,24	5.116,97	8,86
Erlöse Getränke	4.583,51	5,79	0,00		4.583,51	2.291,73	3,97
Erlöse Telefon	275,53	0,35	163,00	0,34	112,53	98,76	0,17
Erlöse Photovoltaikanlage	515,26	0,65	413,00	0,85	102,26	494,83	0,86
Sonstige Erlöse	2.135,98	2,70	250,00	0,52	1.885,98	17,16	0,03
Erlöse gesamt	**79.123,79**	**100,00**	**48.381,00**	**100,00**	**30.742,79**	**57.762,21**	**100 ,00**
Aufwendungen							
Wareneinsatz							
Wareneinsatz Speisen	–13.744,55	75,23	–10.837,00	83,29	2.907,55	–10.594,50	91,53
Wareneinsatz Getränke	–2.352,80	12,88	–2.087,00	16,04	265,80	–933,08	8,06
Wareneinsatz Sonstiges	–2.172,96	11,89	–87,00	0,67	2.085,96	–46,73	0,40
Wareneinsatz gesamt	**–18.270,31**	**21,36**	**–13.011,00**	**42,35**	**5.259,31**	**–11.574,31**	**15,09**
Personalkosten							
Entgelte und Nebenkosten	–37.238,42	99,13	0,00		37.238,42	–37.409,26	91,75
Sonstige Personalkosten	–326,20	0,87	–511,00	100,00	–184,80	–3.362,95	8,25
Personalkosten gesamt	**–37.564,62**	**43,92**	**–511,00**	**1,66**	**37.053,62**	**–40.772,21**	**53,17**
Übrige Aufwendungen							
Versicherungen/Steuern	0,00		0,00		0,00	0,00	
Telefon	–1.271,13	1,61	–1.000,00	2,07	271,13	–1.813,62	3,14
Reinigung, extern	–1.483,80	1,88	–2.087,00	4,31	–603,20	–662,37	1,15
Werbung/Repräsentation	0,00		–413,00	0,85	–413,00	0,00	
Wartung/Reparatur	–3.747,40	4,74	–587,00	1,21	3.160,40	–670,73	1,16
Gebäudeunterhaltung	–9.439,86	11,93	–2.913,00	6,02	6.526,86	–1.168,62	2,02
Energie	–10.484,29	13,25	–4.163,00	8,60	6.321,29	–15.329,92	26,54
Wasser/Abwasser	–282,24	0,36	–1.000,00	2,07	–717,76	–362,62	0,63
Müll/Abfall	–323,40	0,41	–337,00	0,70	–13,60	–313,60	0,54
Porto	0,00		–87,00	0,18	–87,00	–11,49	0,02
Büromaterial/Ausstattung	–1.608,95	2,03	–1.576,00	3,26	32,95	–347,31	0,60
Bücher/Zeitschriften	0,00		–163,00	0,34	–163,00	0,00	
Beiträge/Gebühren	0,00		–87,00	0,18	–87,00	0,00	
Neuanschaffungen/IT	0,00		–2.500,00	5,17	–2.500,00	1.863,00	3,23
Sonstige Aufwendungen	–1.044,42	1,32	–287,00	0,59	757,42	–5.525,64	9,57
Übrige Aufwendungen ges.	**–29.685,49**	**34,71**	**–17.200,00**	**55,99**	**12.485,49**	**–24.342,92**	**31,74**
Aufwendungen gesamt	**–85.520,42**	**100,00**	**–30.722,00**	**100,00**	**54.798,42**	**–76.689,44**	**100,00**
Betriebsergebnis	**–6.396,63**	**8,08**	**17.659,00**	**36,50**	**–24.055,63**	**–18.927,23**	**32,77**

3.7 Zusammenfassung wichtiger Kennzahlen für die Hauswirtschaft

Betriebswirtschaftliche Kennzahlen erfüllen den Zweck, wirtschaftlich planen und kontrollieren zu können, qualitätsrelevante Kennzahlen hingegen erfüllen den Zweck, Qualitätsziele planen und überwachen zu können. In den Kapiteln Personalmanagement und Kosten- und Leistungsrechnung haben Sie viele betriebswirtschaftliche Formeln und Kennzahlen kennen gelernt. Hier eine Zusammenfassung der wichtigsten hauswirtschaftlichen Kennzahlen und Formeln. Weitere Kennzahlen finden Sie in „Betriebs- und Unternehmensführung Band 3".

Formeln Personalmanagement und Kostenrechnung

- Bruttobedarf = Einsatzbedarf + Reservebedarf
- Reservebedarf = z. B. 23 % des Einsatzbedarfs
- Anzahl der VZK = Bruttobedarf : Bruttoarbeitszeit einer VZK

$$\frac{\text{Gemeinkosten x 100}}{\text{Einzelkosten}} = \text{Gemeinkostenzuschlagsatz}$$

Kennzahlen Verpflegung

- Personalschlüssel
- Selbstkosten Menü
- Fachkräfteanteil – Anteil angelernte Mitarbeiter
- Zeitbedarf Fachkräfte – Zeitbedarf angelernte Mitarbeiter

Kennzahlen Reinigung

- Personalschlüssel
- Raumbuch
- Reinigungsturnus
- m^2-Leistung nach Raumgruppe
- Selbstkosten Reinigung

Kennzahlen Wäscheversorgung

- Personalschlüssel
- zu pflegende Wäschemenge in kg
- Zeitbedarf pro kg Wäsche
- Selbstkosten Wäsche

Kennzahlen aus qualitätsrelevanter Sicht

Jedes Qualitätsziel (s. Kapitel 4) lässt sich mit einer Kennzahl belegen, z. B.
- Anzahl der Beschwerden, die zur Zufriedenheit geregelt wurden
- Anzahl der Beanstandungen bei der Reinigungskontrolle
- Häufigkeit von falscher Zuordnung der Privatwäsche
- Anzahl der Ausbrüche von meldepflichtigen Krankheiten
- Häufigkeit, wie oft Gäste den Service loben
- Fachkraftquote

Kapitel 4

Qualitätsmanagement

Wie Sie im Kapitel 1 „Aufgaben der hauswirtschaftlichen Betriebs- und Unternehmensführung" gesehen haben, gehört die Gestaltung des Qualitätsmanagements zu den Aufgaben einer Führungskraft.

Die Managementfunktionen Planung, Organisation und Kontrolle werden im Hinblick auf eine bestimmte Qualität erbracht. Doch nicht nur die Führungskraft „managt" Qualität, sondern jeder einzelne Mitarbeiter an seinem Arbeitsplatz.

4.1 Qualität

Wer legt Qualität fest und was ist Qualität? Dazu gibt es viele Definitionen. Umgangssprachlich kennt sicher jeder die Aussage:

- „Qualität ist, wenn der Kunde wiederkommt, nicht das Produkt."

Das Wort Qualität kommt aus dem Lateinischen. Hier bedeutet „qualitas" die „Beschaffenheit" oder „Eigenart". Die Qualität besagt also etwas über die Beschaffenheit und Eigenart eines Produktes oder einer Dienstleistung.

- Wie ist der Eingangsbereich in einem Krankenhaus beschaffen?
- Wie sind die Tische und Stühle in einem Tagungsraum beschaffen?
- Wie sind die Matratzen in einer Ferienwohnung beschaffen?
- Wie ist die Atmosphäre beim Kundengespräch beschaffen?
- Wie ist die Verpflegung in einem Alten- und Pflegeheim beschaffen?
- Wie ist das Betriebsklima beschaffen?
- Wie ist die Qualifikation und Qualifizierung der Mitarbeiter beschaffen?

Das DIN (Deutsches Institut für Normung) definiert Qualität als

- „Vermögen einer Gesamtheit inhärenter (= innewohnender) Merkmale eines Produkts, eines Systems oder eines Prozesses zur Erfüllung von Forderungen von Kunden und anderen interessierten Parteien."

Diese komplizierte Beschreibung sagt nichts anderes, als dass Produkte oder Dienstleistungen so beschaffen sein sollen, dass sie die Erwartungen der Kunden erfüllen, wobei die Interessen anderer, z. B. des Gesetzgebers, eingehalten werden müssen.

- Der Eingangsbereich eines Krankenhauses soll so beschaffen sein, dass er zweckmäßig und für den Patienten und Besucher ansprechend gestaltet ist.
- Tische und Stühle in einem Tagungsraum sollen so beschaffen sein, dass die Tagungsgäste bequem sitzen und schreiben können.
- Die Matratzen in einer Ferienwohnung sollen so beschaffen sein, dass der Gast gut schlafen kann.
- Die Atmosphäre bei einem Kundengespräch soll so beschaffen sein, dass der Gast sich wohl fühlt.

Erwartungen
der Kunden

Beschaffenheit der
Dienstleistung

4.2 Qualitätsmanagement

Im Qualitätsmanagement werden nun die Eigenschaften „zweckmäßig", „ansprechend", „angenehm", „gut" und „sich wohl fühlen" aus den eben genannten Beispielen näher beschrieben. Mit dieser Beschreibung legen Sie das Qualitätsniveau des Unternehmens fest. Im Qualitätsmanagement geht es grundsätzlich um die Frage:

- Welche Ansprüche und Erwartungen haben meine Kunden und wie erreiche ich, dass sie mit meinem Angebot – Eingangsbereich, Tische, Stühle, Matratzen, Kundengespräch – zufrieden sind?

Je nach Produkt oder Dienstleistung gibt es dafür verschiedene Qualitätskriterien, z.B.:

- ernährungsphysiologische Qualität der Pausenverpflegung
- sensorische Qualität in einem Alten- und Pflegeheim
- ergonomische Qualität eines Stuhles
- optische Qualität eines Büfetts
- ökonomische Qualität der Reinigung
- ökologische Qualität der Wäschepflege
- sicherheitstechnische Qualität der Arbeitsgeräte
- klimatische Qualität der Aufenthaltsräume
- menschlich-emotionale Qualität der Gesprächsführung
- didaktische Qualität der Ausbildung

Drei Beispiele für die Festlegung von Qualitätsstandards für die Gestaltung des Eingangsbereichs auf unterschiedlichem Qualitätsniveau (für drei verschiedene Kundenzielgruppen):

1. Im Eingangsbereich stehen saisonale, aufwändig dekorierte frische Schnittblumen-Arrangements.
2. Im Eingangsbereich stehen Topfblumen, die dreimal jährlich der Saison angepasst werden, und saisonunabhängige Grünpflanzen.
3. Im Eingangsbereich stehen künstliche Grünpflanzen.

Im nächsten Schritt geht es um die Überlegung, welche Maßnahmen notwendig sind, um die Produkte oder Dienstleistungen auf dem Niveau des festgelegten Qualitätsstandards anbieten zu können. In der Weiterführung der drei Beispiele bedeutet das:

1. Dreimal wöchentlich Blumen kaufen,
   neue Blumenarrangements herstellen und platzieren,
   täglich kontrollieren und pflegen.
2. Zweimal wöchentlich Blumen gießen und pflegen,
   dreimal jährlich Topfpflanzen austauschen.
3. Viermal jährlich künstliche Grünpflanzen Staub wischen.

Anschließend gilt es, die Rahmenbedingungen zur Umsetzung zu schaffen, mit denen die notwendigen Maßnahmen durchgeführt werden können. Dies betrifft die Bereiche

- Personal
- Material
- Infrastruktur

Es liegt auf der Hand, dass für die drei verschiedenen Qualitätsstandards drei unterschiedliche Bedarfe für den Personal- und Materialeinsatz und die notwendigen Räume und technischen Gegebenheiten bestehen.

Nach der Planung der Maßnahmen erfolgt die Überwachung der Umsetzung. Da Sie im ersten Schritt genau definiert haben, wie das Ergebnis aussehen soll, wissen Sie, was zu prüfen ist.

Und schließlich treffen Sie die Überlegung: Gibt es etwas zu verbessern? Verbesserungen können das Ergebnis von Überprüfungen und Analysen sein, aber auch von Rückmeldungen durch Kunden und Mitarbeiter.

Ganz gleich, welche Dienstleistung und welches Produkt mit welchem Qualitätsniveau hergestellt oder erbracht werden: Alle Tätigkeiten im Qualitätsmanagement orientieren sich am „Deming-Zyklus" oder „pdca-Zyklus". Dieser Zyklus wurde von W. Edwards Deming (1900–1993) konzipiert.

pdca steht für

- plan   planen
- do   handeln
- check   prüfen
- act   reagieren

Deming hat für ein gutes Qualitätsmanagement 14 Punkte entwickelt, die für jede Branche Gültigkeit haben.

14 Punkte von Deming

1. Voraussetzung für eine Verbesserung von Produkt und Service ist die konstante Aufrechterhaltung der Zielsetzungen.
2. Die Philosophie der Qualitätssicherung muss auch tatsächlich angewandt werden.
3. Qualität soll nicht nur ein Ergebnis andauernder Kontrolle sein.
4. Aufträge dürfen nicht allein aufgrund des verlangten Preises vergeben werden. Stattdessen müssen die Kosten dadurch minimiert werden, dass mit einem einzigen Zulieferer zusammengearbeitet wird.
5. Alle Planungs-, Produktions- und Serviceprozesse müssen ständig verbessert werden.
6. Aus- und Weiterbildung am Arbeitsplatz sind ein zentraler Bestandteil der Qualitätssicherung.
7. Die Bereitschaft zur Übernahme von Führungsaufgaben muss gefördert werden.
8. Herrscht im Unternehmen ein Klima der Furcht und Angst, so muss dies abgebaut werden.
9. Die strikten Abgrenzungen zwischen den Aufgabenbereichen verschiedener Mitarbeiter müssen fallen.
10. Auf plumpe Slogans, Ermahnungen und Zielvorgaben für die Mitarbeiter sollte verzichtet werden.
11. Auch die Festlegung eines Arbeitssolls für die Mitarbeiter und starre Zahlenvorgaben für das Management sind im Hinblick auf die Qualitätssicherung kontraproduktiv.
12. Den Mitarbeitern darf niemals der Stolz auf ihre Arbeitsleistung geraubt werden. Aus diesem Grunde hat jedes Programm, das eine Rangordnung unter den Mitarbeitern festlegt oder durch Auszeichnung Hierarchien schafft, zu unterbleiben.
13. Für alle Mitarbeiter sollte ein konsequentes Weiterbildungsprogramm eingerichtet werden.
14. Jeder im Unternehmen muss dazu motiviert werden, sich an einer steten Verbesserung des Unternehmens zu beteiligen.

Quelle: Management, Campus Verlag GmbH, Frankfurt/Main 2003

4.3 Qualitätsmanagementsystem

Das Qualitätsmanagementsystem fasst alle Tätigkeiten und Maßnahmen, die für die Gestaltung des Qualitätsmanagements notwendig sind, in einem Ordnungssystem zusammen und gibt ihnen eine Struktur. Sofern sich ein Unternehmen nicht zertifizieren (Kap. 4.4) lassen will, hat es die freie Wahl, nach welchen Gesichtspunkten es das Qualitätsmanagement strukturiert. Die zwei bekanntesten Systeme sind die DIN EN ISO 9001:2008, (auch kurz DIN ISO 9001) und das EFQM, die anschließend kurz erläutert werden.

4.3.1 DIN ISO 9001

DIN steht für Deutsches Institut für Normung, EN für Europäische Norm, ISO für International Standardization Organization, 9001 ist die laufende Nummer der Norm und 2008 bezeichnet das Jahr, in dem die Norm in Kraft getreten ist oder überarbeitet wurde.

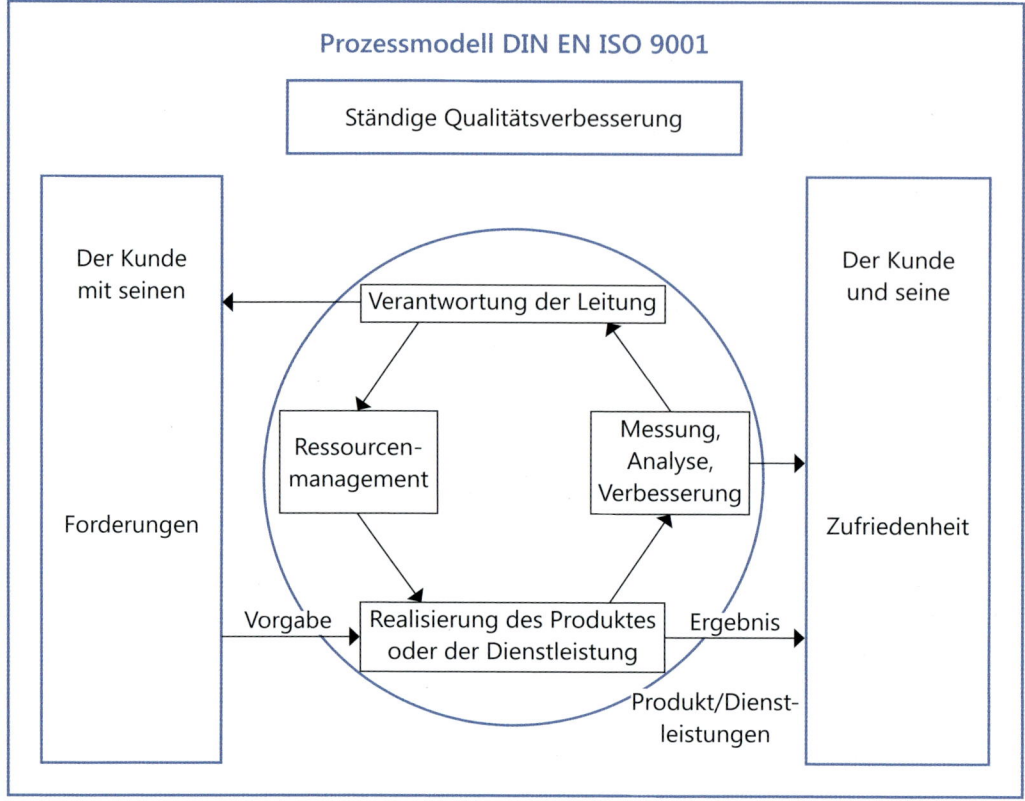

Prozessmodell DIN EN ISO 9001

Ständige Qualitätsverbesserung

Der Kunde
mit seinen

Forderungen

Verantwortung der Leitung

Ressourcen-
management

Messung,
Analyse,
Verbesserung

Vorgabe   Realisierung des Produktes
oder der Dienstleistung   Ergebnis

Produkt/Dienst-
leistungen

Der Kunde
und seine

Zufriedenheit

Dieses Modell stellt in übersichtlicher Form dar, wie in der DIN ISO 9001 Qualität gemanagt und organisiert wird.

Über allem steht das Streben nach ständiger Verbesserung.

Der Kreislauf beginnt mit der „Verantwortung der Leitung". Sie gibt die Impulse zur Qualitätspolitik, zum Leitbild und zum Konzept. Die Leitung orientiert sich dabei an den Forderungen der Kunden.

Im Ressourcenmanagement wird alles Notwendige zum Personal, zu den Arbeitsmitteln und der Infrastruktur geregelt.

Wenn diese Voraussetzungen gegeben sind, können die Produkte hergestellt und die Dienstleistungen erbracht werden. Die dazu notwendigen Prozesse werden so gestaltet, dass die Vorgaben der Kunden in das gewünschte Ergebnis münden, d. h., dass der Kunde zufrieden ist.

Ob dies tatsächlich so ist, prüft das Unternehmen, in dem es die Zielerreichung misst, die Prozesse und Ergebnisse analysiert und im Anschluss daran Verbesserungen vornimmt.

Beispiel für die Reinigung in einem Alten- und Pflegeheim

Verantwortung der Leitung: Die Hauswirtschaftsleitung ist für die Festlegung der Qualitätsstandards in der Reinigung verantwortlich. Sie erstellt das Reinigungskonzept, bei dem sie sich an den Forderungen und Erwartungen der Bewohner orientiert, aber auch an den Vorgaben des Trägers und den gesetzlichen Rahmenbedingungen.

Ressourcenmanagement: Die Hauswirtschaftsleitung sorgt für die notwendigen Mitarbeiter nach Anzahl und Qualifikation, ordert Maschinen, Geräte und weitere Arbeitsmittel wie Reinigungstextilien und Reinigungsmittel. Sie sorgt für Lager- und Arbeitsräume und ist verantwortlich für den Zustand der Räume, die gereinigt werden.

Realisierung der Dienstleistung: Mitarbeiter reinigen nach Vorgaben des Leistungsverzeichnisses, nach Reinigungsplänen und Kundenwünschen.

Messung, Analyse, Verbesserung: Zum einen prüft jede Reinigungskraft täglich ihre Reinigungsleistung selbst, zum anderen prüft die Leitung das Reinigungsergebnis. Fehler werden analysiert, Ursachen gesucht, neue Techniken geprüft und Verbesserungen eingeleitet. Diese eingeleiteten Verbesserungen gehen im Kreislauf wieder in den Schritt „Verantwortung der Leitung" über.

Wie diese vier Aktivitäten durchgeführt und dokumentiert werden, wird schriftlich in einem Qualitätsmanagementhandbuch dargelegt. Ein Beispiel für ein Inhaltsverzeichnis eines Qualitätsmanagementhandbuches, das nach den Forderungen der DIN ISO 9001 arbeitet, lesen Sie in Kap. 4.5.

4.3.2 EFQM-Modell for Excellence

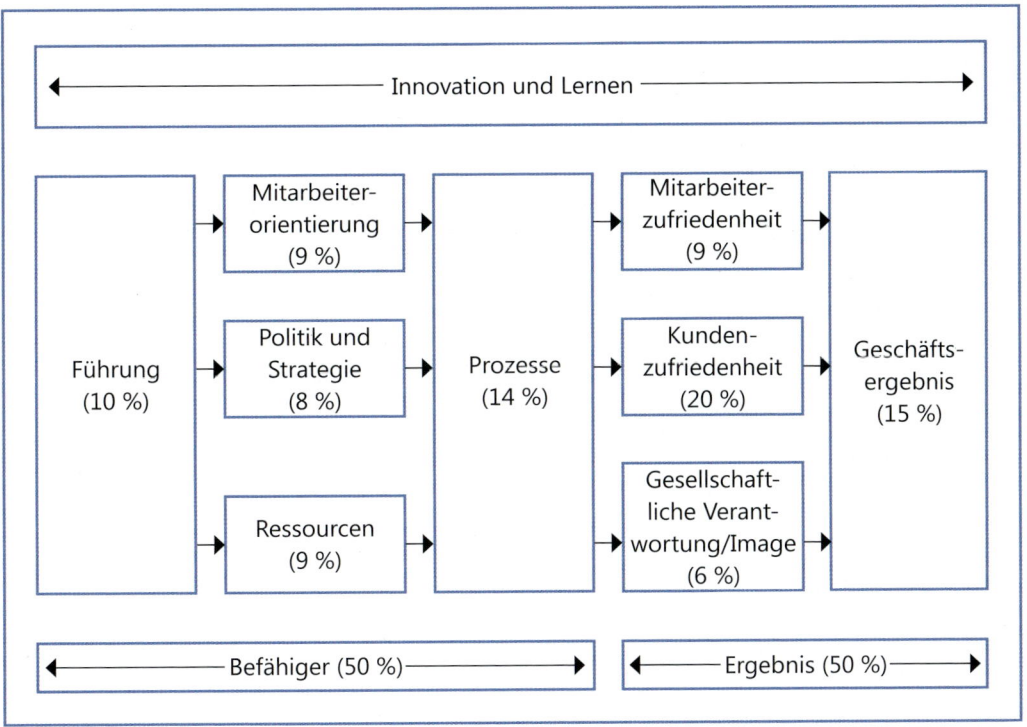

EFQM steht für European Foundation for Quality Management.

Das EFQM-Modell für Excellence der European Foundation for Quality Management dient der ganzheitlichen Betrachtung von Organisationen. Dabei werden bei den vier Ergebniskriterien die mitarbeiterbezogenen, kundenbezogenen und gesellschaftsbezogenen Ergebnisse sowie die Schlüsselergebnisse der Organisation in einen kausalen Zusammenhang gebracht: Die Befähiger-Kriterien behandeln das, was die Organisation tut, wie sie vorgeht. Die Ergebnis-Kriterien behandeln, was die Organisation erzielt. Dabei sind die Ergebnisse auf die Befähiger zurückzuführen, und die Befähiger werden ihrerseits aufgrund der Ergebnisse verbessert.

Die Befähigerkriterien sind jeweils in vier bis fünf, die Ergebniskriterien jeweils in zwei Teilkriterien untergliedert. Zu allen Teilkriterien werden Ansatz- oder Orientierungspunkte aufgeführt, die die Aspekte des jeweiligen Teilkriteriums näher erläutern.

Das EFQM-Modell stellt keine Liste von Forderungen dar, sondern betrachtet die Organisation ganzheitlich. Wichtig ist die kontinuierliche Weiterentwicklung hin zu Excellence, dem wachsenden Reifegrad der Organisation.

Für die Bewertung des Reifegrades anhand des EFQM-Modells hat die EFQM die RADAR -Bewertungsmethodik entwickelt. Dies bedeutet, dass der Reifegrad der Organisation gemessen wird an

- Ergebnissen (Results)
- den dahin führenden Vorgehensweisen (Approach)
- dem Grad der Umsetzung (Deployment)
- sowie an Bewertung und Überprüfung (Assessment and Review).

Dabei können die Einzelbewertungen der 32 Teilkriterien zu einer Gesamtbewertung zusammengefasst werden, die zwischen 0 und 1000 Punkten liegt. Eine Bewertung – im englischen Sprachgebrauch der EFQM als Assessment bezeichnet – erfolgt zunächst meist als Selbstbewertung (Self-Assessment). Sie liefert zielführende Aussagen einerseits über den Reifegrad andererseits über Stärken und Verbesserungspotenziale der Organisation. Daraus leiten sich dann wichtige Verbesserungsprojekte ab.

Bei einem hohen Reifegrad können externe Bewertungen wichtige Impulse geben für die Weiterentwicklung der Organisation. Sie ermöglichen objektivierte Vergleiche mit anderen Organisationen, die nach der gleichen Methode bewertet wurden. Die besten direkten Vergleiche liefern dabei die auf dieser Methode basierenden Qualitätspreise, wie der European Quality Award und sein deutsches Pendant, der Ludwig-Erhard-Preis.

Quelle: www.deutsche-efqm.de

Das EFQM-Modell lässt sich selbstverständlich auch als Qualitätsmanagementsystem nutzen, ohne dass sich die Einrichtung an einem Wettbewerb beteiligt.

4.4 Zertifizierung

Für ein gut funktionierendes Qualitätsmanagement ist es nicht notwendig, dass das Unternehmen ein bestimmtes System verfolgt. Will es sich allerdings zertifizieren lassen, muss es sein Qualitätsmanagement an der Struktur des Systems ausrichten, nach dem es ein Zertifikat anstrebt.

Bei einer Zertifizierung wird von einer unabhängigen Organisation, die zur Zertifizierung autorisiert ist, beurteilt, ob das Unternehmen genau das tut, was es festgeschrieben hat. Um auf das Beispiel auf S. 99 zurückzukommen: Es spielt also keine Rolle, welche Qualitätsstandards ein Unternehmen definiert. Denn sowohl das Haus mit einem exklusiven Eingangsbereich als auch das mit einem schlichteren Erscheinungsbild kann zertifiziert werden.

4.5 Qualitätsmanagementhandbücher

In Qualitätsmanagementhandbüchern werden die Aktivitäten im Qualitätsmanagement dokumentiert.

Diese Handbücher können ganz unterschiedlich aufgebaut sein.

Die drei folgenden Beispiele zeigen die Vielfalt. Trotz unterschiedlicher Ansätze ist deutlich zu erkennen, dass sich alle Handbücher an den vier Kriterien „plan – do – check – act" des Deming-Zyklus ausrichten.

Bei der Entscheidung, welche Struktur ein Handbuch erhalten soll, kann keine Abteilung allein entscheiden. Dies ist Sache der obersten Leitung, die die Durchführung in aller Regel an die Abteilung Qualitätsmanagement oder an den Qualitätsbeauftragten delegiert. Dasselbe gilt für das Layout eines Handbuches.

- Beispiel 1   in Anlehnung an Qualitätsebenen in der Altenhilfe
- Beispiel 2   in Anlehnung an DIN EN ISO 9001
- Beispiel 3   Organisationshandbuch eines Tagungshauses

4.5.1 Beispiel 1: (in Anlehnung an Qualitätsebenen in der Altenhilfe)

A   Strukturqualität

A. 1   Einrichtung

A. 1.1 Träger, Art, Zielgruppe und Aufgabe der Organisation
A. 1.2 Leitbild der Einrichtung

A. 1.3 Leitbild der Hauswirtschaft

A. 1.4 Heimvertrag

A. 2   Hauswirtschaftskonzept

A. 2.1 Verpflegungskonzept
A. 2.2 Reinigungskonzept
A. 2.3 Wäscheversorgungskonzept
A. 2.4 Konzept für die Wohnumfeldgestaltung
A. 2.5 Schnittstellenkonzept

A. 3   Leistungsbeschreibung der Abteilung Hauswirtschaft

A. 3.1 Leistungsbeschreibung Verpflegung
A. 3.2 Leistungsbeschreibung Reinigung
A. 3.3 Leistungsbeschreibung Wäscheversorgung
A. 3.4 Leistungsbeschreibung Wohnumfeldgestaltung

A. 4   Struktur der Abteilung Hauswirtschaft
A. 4.1 Organigramm
A. 4.2 Stellenbeschreibungen
A. 4.3 Besprechungsmatrix

A. 4.4 Dienstplanerstellung
A. 4.5 Mitarbeitergespräche

A. 4.6 Einarbeitungskonzept

A. 4.7 Fortbildungskonzept
A. 4.8 Liste der Handzeichen und Telefonnummern der Mitarbeiter

A. 5   Liste der geltenden Gesetze, Verordnungen, Richtlinien

A. 6   Liste der Abkürzungen

B   Prozessqualität

B. 1   Speisen- und Getränkeversorgung
B. 1.1 Speisenplanung

B. 1.2 Getränkeversorgung
B. 1.3 Lebensmittelbeschaffung
B. 1.4 Anlieferung und Lagerung

B. 1.5 Produktion

B. 1.6 Speisenausgabe, Transport und Rückfluss

B. 1.7 Entsorgung

B. 2   Reinigung
B. 2.1 Beschaffung und Anlieferung

B. 2.2 Ausgabe von Arbeitsmitteln

B. 2.3 Durchführung der Unterhaltsreinigung
B. 2.4 Durchführung der Grundreinigung
B. 2.5 Durchführung der Sichtreinigung

B. 2.6 Entsorgung
B. 3   Wäscheversorgung
B. 3.1 Beschaffung
B. 3.2 Wäschekennzeichnung
B. 3.3 Wäschekreislauf Eigenregie
B. 3.4 Wäschekreislauf Fremdwäscherei
B. 3.5 Umgang mit infektiöser Wäsche

B. 4   Wohnumfeldgestaltung

B. 4.1 Ausstattungsgrundsätze

B. 4.2 Jahreszeitliche Dekorationen

B. 4.3 Sicherheit und Orientierung

B. 5   Hygienekonzept

B. 6   Arbeitsschutzkonzept

B. 7   Notfallregelungen

C   Ergebnisqualität

C. 1   Qualitätsprüfungen

C. 1.1 Qualitätsprüfungen Verpflegung

C. 1.2 Qualitätsprüfungen Reinigung

C. 1.3 Qualitätsprüfungen Wäscheversorgung

C. 1.4 Qualitätsprüfungen Wohnumfeldgestaltung

C. 2   Betriebsbegehungen

C. 2.1 Betriebsbegehung Küche

C. 2.2 Betriebsbegehung Wohnbereiche und Haus

C. 2.3 Betriebsbegehung Wäscherei

C. 3   Interne Audits

C. 4   Bewohner- und Angehörigenbefragungen

C. 5   Qualitätszirkelarbeit

C. 6   Beschwerdemanagement

4.5.2 Beispiel 2: (in Anlehnung an DIN EN ISO 9001)

Kapitel 0 Bereichshandbuch

0.1 Anwendungsbereich, Ziel und Zweck des Bereichshandbuches

0.2 Lenkung von Dokumenten und Aufzeichnungen

Kapitel 1 Verantwortung der Leitung

1.1 Verantwortung und Aufgabe der Hauswirtschaftsleitung im Qualitätsmanagement

1.2 Ausrichtung der hauswirtschaftlichen Dienstleistung an den Kundenbedürfnissen

1.3 Qualitätspolitik – Leitbild der Hauswirtschaft

1.4 Qualitätsplanung
    1.4.1 Hauswirtschaftliche Qualitätsziele
    1.4.2 Planung, Aufbau und Überwachung des Qualitätsmanagementsystems

1.5 Verantwortung, Befugnis und Kommunikation
    1.5.1 Delegation von Verantwortung
    1.5.2 Innerbetriebliche Kommunikation

1.6 Bewertung des Qualitätsmanagements (Review)

Kapitel 2 Management von Ressourcen

2.1 Personalmanagement
  2.1.1 Organigramm und Arbeitsplatzbeschreibungen
  2.1.2 Personalplanung, Personaleinsatzplanung
  2.1.3 Personalgespräche
  2.1.4 Fortbildung

2.2 Infrastruktur
  2.2.1 Betriebsräume
  2.2.2 Arbeitsmittel

Kapitel 3 Produkt- und Dienstleistungsrealisierung

3.1 Planung und Entwicklung von Prozessen

3.2 Kundenbezogene Prozesse
  3.2.1 Ermittlung und Bewertung der Kundenanforderungen
  3.2.2 Kommunikation mit den Kunden bzgl. Produkte und Dienstleistungen

3.3 Entwicklung neuer Produkte und Dienstleistungen

3.4 Beschaffung von Produkten und Dienstleistungen
  3.4.1 Anforderungen an Lieferanten von Produkten und deren Überwachung
  3.4.2 Anforderungen an Lieferanten von Dienstleistungen und deren Überwachung

3.5 Produktion und Dienstleistungserbringung
  3.5.1 Beschreibung, Lenkung, Überwachung der hauswirtschaftlichen Prozesse
  3.5.2 Kennzeichnung und Rückverfolgbarkeit von Produkten
  3.5.3 Umgang mit Kundeneigentum

3.6 Lenkung von Überwachungs- und Prüfmitteln

Kapitel 4 Messung, Analyse, Verbesserung

4.1 Planung und Festlegung von Methoden zur Messung, Analyse und Verbesserung der Produkte und Dienstleistungen

4.2 Durchführung der Überwachung und Messung
  4.2.1 Beschwerdemanagement
  4.2.2 Kundenbefragungen
  4.2.3 Internes Audit

4.3 Lenkung fehlerhafter Produkte

4.4 Datenanalyse der aufgezeichneten Messungen

4.5 Verbesserung
  4.5.1 Ständige Verbesserung
  4.5.2 Korrekturmaßnahmen
  4.5.3 Vorbeugemaßnahmen

4.5.3 Beispiel 3: Organisationshandbuch eines Tagungshauses

1. **Leitbild der Akademie der Diözese Rottenburg-Stuttgart**

2. **Dienstleistungskonzept des Tagungszentrums Hohenheim**

3. **Personal**
   - 3.1 Organigramm
   - 3.2 Stellenbeschreibungen
   - 3.3 Einarbeitungskonzept
   - 3.4 Fortbildungskonzept
   - 3.5 Mitarbeiterkonferenz
   - 3.6 Jahresgespräche

4. **Gebäude**
   - 4.1 Lage
   - 4.2 Ausstattung
   - 4.3 Garten

5. **Leistungsbeschreibungen**
   - 5.1 Buchung und Empfang
   - 5.2 Tagungsräume
   - 5.3 Öffentliche Räume
   - 5.4 Gästezimmer
   - 5.5 Verpflegung
   - 5.6 Haustechnik

6. **Prozessbeschreibungen**
   - 6.1 Buchung und Empfang
   - 6.2 Tagungsräume
   - 6.3 Öffentliche Räume
   - 6.4 Gästezimmer
   - 6.5 Verpflegung
   - 6.6 Haustechnik

7. **Beschwerdemanagement**

8. **Interne Qualitätsüberwachung**

4.6 Hauswirtschaftsleitbild

In einem Leitbild beschreibt ein Unternehmen seine grundlegenden Gedanken zu seiner Tätigkeit und zu seinem Selbstverständnis.

Ein Leitbild gibt Antworten auf die Fragen:

- Welches sind die Ziele des Unternehmens?
- Welche Normen und Werte vertritt das Unternehmen?
- Von welchem Menschenbild lässt es sich leiten?
- Welcher Lebensphilosophie/Religion steht es nahe?
- Welche Verantwortung übernimmt es für Kunden und Mitarbeiter?

Das Leitbild dient dazu, dass sich Interessierte einen ersten Eindruck vom Unternehmen machen können. Die Aussagen sind jedoch sehr allgemein gehalten und erlauben noch keinen Blick auf die tatsächliche Dienstleistungsgestaltung. Das Leitbild dient quasi als Visitenkarte eines Unternehmens.

Üblicherweise erstellt ein Unternehmen ein Unternehmensleitbild. Die Verantwortung liegt bei der Unternehmensleitung. Eine gute Leitung bezieht alle im Unternehmen vertretenen Professionen in die Entwicklung des Leitbildes ein.

Die einzelnen Abteilungen bzw. Bereiche leiten daraus ihre Leitbilder ab. Die Bereichsleitungen und die Mitarbeiter der verschiedenen Abteilungen müssen hier unbedingt kooperieren, damit das Leitbild einheitlich dargestellt und umgesetzt wird.

Beispiel: Unternehmensleitbild, Pflegeleitbild, Hauswirtschaftsleitbild

Auf den folgenden Seiten lesen Sie ein Beispiel für ein Unternehmens- und zwei Bereichsleitbilder:

- das Unternehmensleitbild eines Krankenhauses und Altenkrankenheimes
- das Pflegeleitbild des Altenkrankenheimes
- das Hauswirtschaftsleitbild des Altenkrankenheimes

**Leitbild der Stiftung Krankenhaus Bethanien
für die Grafschaft Moers**

„Wenn wir etwas nicht benennen können, können wir es nicht kontrollieren, nicht finanzieren, nicht lehren, nicht erforschen, nicht in die Politik einbringen." (Norma Lang)

Dieses Leitbild ist Basis für den Erfolg unserer Stiftung und Vision unserer Zukunft und Weiterentwicklung. An diesem Leitbild werden sich all unsere täglichen Handlungen und Entscheidungen messen müssen. In unserem Leitbild und unserem Handeln soll die christliche Grundeinstellung ebenso deutlich werden wie die Werte, die unser Grundgesetz vermittelt.

> Mit unserem Leitbild stellen wir uns der Verantwortung gegenüber
> allen Patienten, Bewohnern, Angehörigen, Mitarbeitern
> und dem gesamten Umfeld.

- Jederzeit setzen wir unsere Kräfte und Fähigkeiten für das Wohl der Patienten und Bewohner ein.
- Wir gehen sorgsam mit Informationen über Patienten, Bewohner und Mitarbeiter um.
- Bei unserer hohen Arbeitsbelastung unterstützen wir einander, damit wir keinen seelischen oder körperlichen Schaden nehmen.
- Wir vermeiden Fehler durch verantwortungsvolles und kenntnisreiches Handeln. Mit Fehlern, die trotz dieser Umsicht entstehen, wollen wir ehrlich umgehen und sie als Chance zur Verbesserung nutzen.
- Wir setzen sowenig Material wie nötig ein, sparen Energie, wo immer es möglich ist und überprüfen gleichwertige Verfahren auf Wirtschaftlichkeit und Umweltverträglichkeit. Wir behandeln das uns anvertraute Material, Mobiliar und unser Haus mit größter Sorgfalt.
- Wir achten darauf, den guten Ruf unseres Hauses zu pflegen.
- Wir übernehmen die Verantwortung für Miteinander, Würde und Menschlichkeit.

> Unsere Stiftung kann nur interdisziplinär funktionieren.

- Wir setzen uns ein für ein kooperatives Miteinander quer durch alle Berufsgruppen und Hierarchieebenen.
- Uns ist die Kompetenz, die Erfahrung und die Weiterentwicklung eines jeden Mitarbeiters wichtig.
- Wir berücksichtigen Sachzwänge in den Arbeitsabläufen aller Mitarbeitenden.
- Wir fördern den Austausch von Ideen, um in jeder Situation das Bestmögliche für Patienten, Bewohner und Mitarbeiter zu erreichen.
- Wir bemühen uns, Abläufe durch gute Kommunikation und Transparenz reibungslos zu gestalten.
- Indem wir gemeinsam zielgerichtet arbeiten, bündeln wir unsere Energien.

> Wir beziehen unsere Patienten und Bewohner in Entscheidungen über
> Diagnose und Therapie, über Freizeit- und Umweltgestaltung mit ein.

- Wir nehmen uns die Zeit, unsere Patienten und Bewohner umfassend und verständlich über diagnostische oder therapeutische Maßnahmen zu informieren.
- Wir betrachten unsere Patienten und Bewohner als mündige Persönlichkeiten und wollen ihre Fähigkeit gezielt unterstützen und ausbauen.
- Wir bemühen uns, unseren Patienten und Bewohnern alle möglichen Hilfen an die Hand zu geben, mit denen sie ihre Krankheiten, ihre Behinderungen, ihre körperliche Veränderung und die damit verbundenen Probleme bewältigen können.
- Wir respektieren die Entscheidungen unserer Patienten und Bewohner, diagnostische oder therapeutische Maßnahmen abzulehnen.

> Wir begegnen allen Patienten, Bewohnern und Mitarbeitern mit Respekt
> und achten ihre Menschenwürde.

- Wir behandeln alle Patienten, Bewohner und Mitarbeiter in ihrer individuellen Persönlichkeit respektvoll, unabhängig von Geschlecht, Rasse, Hautfarbe, Religion, Beruf und Behinderung.
- Wir erkennen die Arbeit aller Mitarbeitenden an und würdigen ihre Leistungen.
- Wir achten darauf, dass alle Patienten und Bewohner in ihrer Krankheit ihre Würde behalten.
- Wir räumen allen Patienten und Bewohnern soviel Intimsphäre ein wie nur möglich und achten diese.
- Wir wahren die Würde des Menschen im Leben wie im Sterben.
- Wir berücksichtigen, dass an jedem Krankheitsgeschehen Körper, Seele und Geist Anteil haben.

> Wir sorgen für ein positives Klima in unserem Haus.

- Wir haben ein offenes Ohr für die Probleme aller Patienten, Bewohner und Mitarbeiter.
- Wir gehen respektvoll und freundlich miteinander um und halten die Grundregeln höflicher Umgangsformen ein.
- Wir bemühen uns, angespannte Situationen zu entschärfen und zwischenmenschliche Probleme konstruktiv zu lösen.
- Wir stehen den Patienten, Bewohnern und Mitarbeitern in akuten Krisen bei – durch Worte, Taten, Gesten oder unsere stille Anwesenheit.

> Jeder von uns trägt die Verantwortung, unser Leitbild aktiv umzusetzen.

Pflegeleitbild Altenkrankenheim Bethanien

> Die BewohnerInnen stehen im Mittelpunkt all unseres Handelns.
>
> Unser Ziel ist es, den älteren und pflegebedürftigen Menschen ein wohnliches Zuhause zu bieten, in dem sie sich geborgen und sicher fühlen.

- Wir stützen uns in unserer Arbeit auf das ganzheitliche fördernde Pflegeprozessmodell von Monika Krohwinkel.
- Wir gewährleisten eine an den Bedürfnissen der BewohnerInnen orientierte individuelle Pflege und organisieren unsere Arbeit nach dem Beziehungspflegemodell.
- Wir fördern vorhandene Fähigkeiten und übernehmen pflegerische Leistungen, wenn auf Grund von körperlicher, geistiger und sozialer Einschränkung die Selbstpflege nicht mehr möglich ist.
- Wir kooperieren mit allen an der Pflege und Betreuung beteiligten internen und externen Berufsgruppen.
- Wir respektieren die individuelle Lebensgeschichte und die Persönlichkeit aller BewohnerInnen mit ihrem sozialen, kulturellen und religiösen Hintergrund.
- Wir unterstützen die BewohnerInnen in ihren bisherigen Lebensweisen und ermutigen sie, diese weiter beizubehalten.
- Wir begegnen den BewohnerInnen mit einer annehmenden und wertschätzenden Haltung, nehmen deren Sorgen und Ängste ernst und gehen professionell damit um.
- Wir unterstützen die BewohnerInnen in ihren Wünschen nach Privatsphäre, sozialen Kontakten und Gemeinschaft.
- Wir begleiten die BewohnerInnen in der letzten Lebensphase und ermöglichen ihnen einen würdevollen Abschied. Dabei schaffen wir einen würdigen Rahmen und begleiten den Sterbenden unter Berücksichtigung seiner Wünsche und Bedürfnisse.

Hauswirtschaftsleitbild Altenkrankenheim Bethanien

Die BewohnerInnen stehen im Mittelpunkt all unseres Handelns.

Unser Ziel ist es, mit unserer fachkompetenten hauswirtschaftlichen Versorgung und Betreuung den älteren und pflegebedürftigen Menschen ein wohnliches Zuhause zu bieten.

- Wir achten die Intimsphäre der BewohnerInnen und gestalten die hauswirtschaftlichen Arbeiten in enger Absprache mit der Pflege.
- Wir gehen sorgsam mit den privaten Gegenständen der BewohnerInnen um.
- Wir pflegen die Wohnräume, versorgen die persönliche Wäsche und gestalten die Verpflegung unter Berücksichtigung der individuellen Gewohnheiten der BewohnerInnen.
- Wir bieten ein altengerechtes, an der Herkunft der BewohnerInnen orientiertes Speisenangebot.
- Wir fördern vorhandene Fähigkeiten und unterstützen die BewohnerInnen dabei, ihre Selbstständigkeit so weit wie möglich zu erhalten.
- Wir unterstützen soziale Kontakte durch hauswirtschaftliche Gruppenangebote.
- Wir pflegen mit BewohnerInnen, Gästen und innerhalb der Mitarbeiterschaft einen freundlichen, wertschätzenden Umgangston.
- Wir arbeiten wirtschaftlich und achten auf eine umweltverträgliche, nachhaltige Arbeitsweise.

4.7   Hauswirtschaftskonzept

Sind im Leitbild die Leitgedanken und -ziele des Unternehmens festgelegt, besteht der nächste Planungsschritt darin, Konzepte für die Realisierung des Leitbildes zu erstellen. Analog zum Leitbild gibt es Einrichtungskonzepte, Pflegekonzepte, Hauswirtschaftskonzepte, pädagogische Konzepte, usw.

Im Hauswirtschaftskonzept legen Sie für alle hauswirtschaftlichen Bereiche fest, welche Dienstleistungen Sie erbringen und beschreiben in kurzer Form, wie und in welcher Qualität Sie die Dienstleistungen mit Ihrem Hauswirtschaftsteam realisieren.

Ein Hauswirtschaftskonzept hat mehrere Funktionen:

- Es dient als Grundlage für das hauswirtschaftliche Dienstleistungsangebot und ist somit Ausgangspunkt aller Überlegungen zur Arbeitsorganisation.
- Es verschafft interessierten Kunden einen Überblick, welche hauswirtschaftliche Versorgung und Betreuung sie in der Einrichtung erwarten können. Es ist somit ein Marketinginstrument.
- Es erleichtert neuen Mitarbeitern den Einstieg in ihr Arbeitsfeld.

Ein Hauswirtschaftskonzept soll nicht nur auf dem Papier existieren, sondern muss von den Mitarbeitern mit Leben erfüllt und umgesetzt werden.

Ein Hauswirtschaftskonzept soll Antworten auf folgende Fragen geben:

Bereich Verpflegung

- Kochen Sie selbst in eigenen Räumen und täglich frisch? (cook-and-serve-Verfahren)
- Oder kochen Sie selbst in eigenen Räumen nach dem cook-and-chill-Verfahren (kochen, herunterkühlen, später servieren)?
- Oder werden Sie von einer anderen Küche täglich mit frischen Speisen oder TK-Fertiggerichten beliefert und betreiben selbst lediglich eine Verteilerküche?
- Können/müssen sich Kunden selbst versorgen? Ganz oder teilweise?
- Mit welchem Verteil-/Ausgabesystem arbeiten Sie?
- Nach welchen Gesichtspunkten gestalten Sie die Speisenplanung?
- Welches sind die Besonderheiten Ihrer Zielgruppe und wie erfüllen Sie deren Bedürfnisse?
- Welche Menüs, Kostformen und Diäten bieten Sie an? Wie viele Mahlzeiten am Tag?
- In welchen Räumen wird gegessen?
- Wie ist dort die Atmosphäre gestaltet?
- Wie gestalten Sie die Essenszeiten?
- Welche Mitarbeiter setzen Sie ein?

Bereich Reinigung

- Reinigen Sie in Eigenregie?
- Oder haben Sie die Reinigung an einen Dienstleister vergeben?
- Oder praktizieren Sie eine Kombination?
- In welchem Umfang und Turnus leisten Sie Unterhaltsreinigung und Sichtreinigung?
- Mit welcher Reinigungstechnik und nach welchem Reinigungsverfahren arbeiten Sie?
- Bei welchen Anlässen oder wie häufig führen Sie eine Grundreinigung durch?

- Können/müssen Kunden die Reinigung selbst durchführen? Ganz oder teilweise?
- Welche Mitarbeiter setzen Sie ein?

Bereich Wäsche

- Waschen Sie in Eigenregie in der hauseigenen Wäscherei?
- Oder geben Sie die Wäsche an einen externen Wäschedienstleister?
- Oder kombinieren Sie beides?
- Können/müssen Kunden selbst waschen?
- Welche Wäsche stellt und pflegt Ihre Einrichtung?
- Wie und in welchem Umfang wird Privatwäsche von Kunden gepflegt?
- Wie sieht der Wäschekreislauf aus?
- Welche Mitarbeiter setzen Sie ein?

Bereich Hausgestaltung/Haustechnik

- Wie sind die Räume ausgestattet?
- In stationären Einrichtungen: Wie individuell und persönlich sind die Wohnräume eingerichtet?
- Wie gestalten Sie Hausdekoration?
- Wie sorgen Sie für ein angenehmes Raumklima (Geruch, Temperatur, Frischluft)?
- Wie können sich Kunden in ihren Räumen orientieren (Beleuchtung, Beschilderung)?
- Was tun Sie für den Brand-/Gesundheitsschutz von Kunden und Mitarbeitern?
- Welche Mitarbeiter setzen Sie für die Haustechnik ein?

Dieser Fragenkatalog dient der Orientierung. Eine Jugendherberge wird andere Antworten geben als ein Alten- und Pflegeheim oder eine Pension „Urlaub auf dem Bauernhof".

Auch der Begriff „Hauswirtschaftskonzept" ist nicht zwingend, andere Bezeichnungen, z. B. Dienstleistungskonzept sind ebenso denkbar.

Beispiele für Konzepte

Wie Konzepte gestaltet sein können, zeigen die folgenden zwei Beispiele:

- Hauswirtschaftskonzept Altenkrankenheim Bethanien
- Dienstleistungskonzept Tagungszentrum Hohenheim

Hauswirtschaftskonzept Altenkrankenheim Bethanien

Unsere Abteilung Hauswirtschaft ist verantwortlich für eine angenehme Wohnatmosphäre, eine altengerechte Ernährung und den Wäscheservice. Wir begleiten die Bewohner im Alltag und schaffen die Möglichkeit, neben unseren Standardangeboten zur Verpflegung, Reinigung und Wäscheversorgung auf individuelle Wünsche einzugehen.

Speisenversorgung

Wir verpflegen unsere BewohnerInnen mit einer ernährungsphysiologisch altengerechten Kost. Neben den gesundheitlichen Aspekten orientieren wir uns an den Lebensgewohnheiten und Wünschen der BewohnerInnen. Mit vertrauter niederrheinischer Kost erhalten bzw. fördern wir die Lust am Essen.

Die Speisen werden zentral in unserer 150 m entfernten Krankenhausküche hergestellt, die für das Altenkrankenheim einen individuell abgewandelten Speiseplan erstellt. In der Verteilerküche des Altenkrankenheims erfolgt die Speisenverteilung im Tablettsystem.

Hauswirtschaftliche Servicekräfte sind in den Wohnbereichen für die Mahlzeiten zuständig. Sie bereiten die Mahlzeiten bewohnergerecht zu und servieren sie in den Wohnbereichen.

Beim Einzug eines neuen Bewohners/einer neuen Bewohnerin erfragen wir die individuellen Vorlieben und Abneigungen und berücksichtigen diese nach Möglichkeit in unserer Speisenplanung und in der Speisenausgabe. Bei allen Mahlzeiten gibt es eine reiche Auswahl an Komponenten, zwischen denen die BewohnerInnen wählen können.

Wir bieten Vollkost, leichte Vollkost, diabetikergeeignete Kost, fleischlose Kost, ärztlich verordnete Diäten, Wunschkost und bei Bedarf grob und fein zerkleinerte sowie passierte Kost. Auf Wunsch bereiten wir auch Fingerfood zu.

Die flexiblen Zeiten für alle Mahlzeiten machen es möglich, dass wir auf den persönlichen Tagesrhythmus der BewohnerInnen eingehen können. Kernzeiten für die Ausgabe – von denen wir auf Wunsch abweichen – sind:

8.00 Uhr – 10.00 Uhr	Frühstück
10.00 Uhr	Zwischenmahlzeit
12.00 Uhr – 13.00 Uhr	Mittagessen
14.30 Uhr	Nachmittagskaffee
18.00 Uhr – 19.00 Uhr	Abendessen
21.00 Uhr	Spätmahlzeit

Die BewohnerInnen können wählen, ob sie im Zimmer, in den Tagesräumen der Wohnbereiche oder in der Cafeteria (außer abends) essen möchten.

Für die Nachtverpflegung stehen in den Wohnbereichen Lebensmittel bereit, so dass die PflegemitarbeiterInnen den BewohnerInnen jederzeit etwas zu essen anbieten können. Unsere BewohnerInnen haben die Möglichkeit, kostenfrei und in unbegrenzter Menge Wasser, Kaffee, Tee, Saft und Milch zu trinken.

Der Heimbeirat hat ein Mitspracherecht bei der Speisenplangestaltung. Die Hauswirtschaftsleitung wird zu den Sitzungen des Heimbeirats regelmäßig eingeladen, sodass gewährleistet ist, dass BewohnerInnen und Angehörige ihre Vorschläge zur Speisenplanung einbringen können (auch kurzfristige Wünsche werden berücksichtigt). Die Hauswirtschaftsleitung und gegebenenfalls eine Diätassistentin aus dem Krankenhaus bieten Ernährungsberatung an. In Zusammenarbeit mit der Hauswirtschaft gestaltet der Soziale Dienst verschiedene Kochgruppen.

Die Cafeteria ist von 8.00 Uhr bis 10.30 Uhr und von 14.00 Uhr bis 16.45 Uhr geöffnet. MitarbeiterInnen, BewohnerInnen und Gäste sind willkommen. Nachmittags bieten wir neben Kaffee und Kuchen warme und kalte Snacks. Mehrfach findet in der Cafeteria ein offener Mittagstisch statt. Dieses Angebot ist für BewohnerInnen, MitarbeiterInnen und Gäste gedacht.

Wir stellen auch separate Räume zur Verfügung und beraten BewohnerInnen und Angehörige bei der Ausrichtung von privaten Feiern.

Jahreszeitliche Feste wie Weihnachtsfeiern, Karnevalsfeiern, Frühlings- und Sommerfest und andere Veranstaltungen wie Seniorenmessen und Ausstellungen werden von der Küche mit besonderen Angeboten bedacht.

Wäscheversorgung

Die Bewohner- und Hauswäsche und die Dienstkleidung sind als Lohnwäsche an eine gewerbliche Wäscherei vergeben. Wir achten dabei auf eine gute Qualität, wirtschaftliche Abläufe und pünktliche Lieferung. Wir gehen mit dem Privateigentum der BewohnerInnen sorgsam um und achten es als einen Ausdruck von Individualität.

Wir kennzeichnen die Wäsche bei Einzug und Nachkauf kostenfrei und führen eine ordnungsgemäße Bestandspflege durch. Um im Bereich der Bewohnerwäsche schnell und flexibel reagieren zu können, betreiben wir außerdem zwei 10-kg-Waschautomaten und Trockner. Hier waschen wir auch unsere Gardinen. Für die Reinigungstextilien steht eine Wischmoppmaschine zur Verfügung.

Die BewohnerInnen können auf Wunsch ihre eigene Bett- und Frotteewäsche benutzen und ihr Zimmer mit eigener Tischwäsche und eigenen Gardinen ausstatten, die jedoch den Brandschutz- und Hygienevorschriften entsprechen müssen. Die BewohnerInnen und Angehörigen bekommen bei Einzug eine schriftliche Information überreicht, in der alles Wissenswerte für die Wäscheversorgung in unserem Haus beschrieben ist.

Pflege und Werterhaltung des Hauses

Mit unserer regelmäßigen, im Leistungsverzeichnis beschriebenen Reinigung sorgen wir dafür, dass sich die BewohnerInnen in ihren Zimmern und den öffentlichen Räumen wohl fühlen können. Bewohnerzimmer werden von Montag bis Samstag täglich gereinigt, zweimal wöchentlich als Unterhaltsreinigung, sonst als Sichtreinigung. In den Sanitärbereichen findet werktäglich eine Unterhaltsreinigung statt, in den öffentlichen Räumen und Büros einmal wöchentlich eine Unterhaltsreinigung und viermal eine Sichtreinigung.

Die MitarbeiterInnen der Reinigung arbeiten von 5.30 Uhr bis 11.00 Uhr. Die Reinigungszeiten in den Bewohnerzimmern werden individuell abgesprochen. Wir achten dabei auf den Tagesrhythmus der BewohnerInnen. Grobe Verschmutzungen außerhalb dieser Zeit werden von PflegemitarbeiterInnen entfernt.

Wir setzen modernste Reinigungstechnik und -verfahren ein, mit denen wir die hygienischen Anforderungen für ein Alten- und Pflegeheim erfüllen.

Wohnatmosphäre und Raumgestaltung

Unsere Einrichtung bietet Doppel- und Einzelzimmer. Zur Standardausstattung gehören ein Bett, ein Nachtschrank, zum Teil Einbauschränke, ein Tisch und Stuhl, Decken-, Tisch- und Bettlampe sowie Gardinen. Die BewohnerInnen können ihr Zimmer auch mit eigenen Möbeln ausstatten. Beim Einzug erhalten sie handwerkliche Unterstützung durch unsere Haustechnik.

Die Cafeteria und der Eingangsbereich sind im gemütlichen niederrheinischen Stil ausgestattet. Sie sind geräumig, barrierefrei und bieten genügend Platz und Bewegungsfreiheit für Rollstühle und Gehhilfen. Die BewohnerInnen können sich in unseren Räumen sicher fühlen. Wir halten die Brandschutzvorschriften ein. Die Flure sind auch nachts gut beleuchtet.

Die BewohnerInnen können jederzeit unsere Terrasse und unseren Garten nutzen. Hier finden sie einen Pavillon, einen Teich, Sitzinseln, einen Kräutergarten und einen „Pflückgarten", in dem sich jeder mit Blumen bedienen kann. Unsere öffentlichen Räume gestalten wir nach Jahreszeit mit Pflanzen, Blumen und Dekoration. In unregelmäßigen Abständen führen wir Ausstellungen durch, die einen regional-heimatlichen Bezug haben (z. B. Moers gestern und heute).

MitarbeiterInnen

Die MitarbeiterInnen der Hauswirtschaft sind gut ausgebildet. Sie leisten qualifizierte Arbeit und übernehmen für ihren jeweiligen Bereich Verantwortung.

Für eine gute Kommunikation sorgen regelmäßige Teamsitzungen und Besprechungen innerhalb des Bereiches und mit anderen Abteilungen. Nach sorgfältiger Einarbeitung nehmen alle MitarbeiterInnen an Fortbildungsveranstaltungen teil, um die Qualität unserer Arbeit sicherzustellen.

Dienstleistungskonzept Tagungszentrum Hohenheim

Die Akademie der Diözese Rottenburg-Stuttgart bietet mit seinem Tagungszentrum Hohenheim ein außergewöhnliches Tagungsambiente.

Das Haus zeichnet sich durch eine ausgefallene Architektur, einen freundlichen und kompetenten Service, moderne Tagungsräume und -technik und geschmackvoll eingerichtete Zimmer aus.

Belegung, Buchung und Empfang

Die Belegung des Tagungszentrums erfolgt nach diesen Prioritäten:

1. Eigenveranstaltungen der Akademie
2. Gasttagungen mit inhaltlicher und/oder institutioneller Nähe zur Akademiearbeit
3. Gasttagungen mit mehreren Übernachtungen
4. Festliche Anlässe unter der Berücksichtigung von Akademie-Interessen
5. Nutzung der Zimmer in übrigen Zeiten: Hotel Garni-Übernachtungen

Wir streben eine möglichst gleichmäßige und kontinuierliche Belegung des Hauses über das Jahr hin an. Während der Sommerferien in Baden-Württemberg ist das Tagungszentrum für vier Wochen geschlossen.

Wir bearbeiten die Tagungs- und Veranstaltungsanfrage per Mail, Fax oder Telefon direkt an unserem Empfang in Absprache mit der Geschäftsstelle der Diözese. Wir erstellen innerhalb kurzer Zeit einen schriftlichen Buchungsvertrag, in dem alle gewünschten Daten bezüglich der Tagungsräume und -technik und für den Verpflegungs- und Übernachtungsbedarf aufgeführt sind.

Kurz vor der Veranstaltung nehmen wir mit den Gruppen noch einmal Kontakt auf, damit wir letzte Absprachen für eine reibungslose Tagung treffen können.

Bei der Anreise stehen alle gebuchten Tagungsräume, -medien und weitere Leistungen für die Tagungsgäste bereit. Flexibel stehen wir den Tagungsgruppen mit Rat und Tat während der Veranstaltung zur Seite.

Unsere Mitarbeiter am Empfang sind von 6.30 Uhr bis 22.00 Uhr im Einsatz. Übernachtungsgäste, die später anreisen, erhalten einen Code für die Öffnung der Eingangstür.

In unmittelbarer Nähe zum Empfang steht unseren Gästen ein Internetzugang zur Verfügung.

Veranstaltungsräume

Unser Haus bietet Räume für jede Gruppengröße von 2–240 Personen.

Diese Räume stehen zur Auswahl:

- Großer Saal   bis 240 Personen
- Kleiner Saal   bis 50 Personen
- Konferenzraum 1   bis 50 Personen
- Konferenzraum 2   bis 15 Personen
- Konferenzraum 3   1–2 Personen,
  als Tagungsbüro oder Referentenzimmer mit PC
- Atelier   bis 8 Personen
- Klubraum   bis 14 Personen (mit Clubsesseln)

Die Standardtechnik besteht aus:

- 1 Flipchart
- 3 Pinnwände, doppelseitig bespannt
- 1 Leinwand

Auf Anfrage stellen wir kostenfrei zur Verfügung:

- 1 Overhead-Projektor
- Stereoanlage
- Fernseher
- DVD-Player
- Im kleinen und großen Saal Funk-/bzw. Krawattenmikrofon
- Rednerpult
- Zeigerstab/Laserpointer

Kostenpflichtig stellen wir zur Verfügung:

- Beamer, Notebook und WLan
- Overheadfolien
- Moderationswagen
- Kopien
- Akademie-Schreibblöcke mit Kugelschreiber
- Zusätzliches Pinnwandpapier

Das Foyer, das als Veranstaltungsraum mitgenutzt werden kann, ist modern und ansprechend gestaltet. Hier finden abwechselnde Ausstellungen von zeitgenössischen Künstlern statt.

Der Service rund um die Veranstaltungsräume während einer Tagung erstreckt sich auf

- Bereitstellung der gewünschten Ausstattung
- Bereitstellung der gewünschten Tagungsgetränke und -verpflegung
- Aufräumen und Zwischenreinigung
- Technische Hilfestellung

Gästezimmer

Das Tagungszentrum verfügt im Ostflügel über

- 37 Einzelzimmer
- 6 Doppelzimmer

und im Westflügel über

- 22 Einzelzimmer
- 1 behindertengerechtes Einzelzimmer
- 1 Doppelzimmer

Alle Zimmer sind mit Dusche und WC ausgestattet. Die Einzelzimmer sind ca. 16m^2 groß, die Doppel- und Twinzimmer ca. 24m^2. Doppel- und Twinzimmer werden überwiegend als Einzelzimmer belegt.

In den Zimmern findet sich folgende Standardausstattung:

- Bett und Nachttisch mit Bettlampe
- Einbauschrank und Kofferablage
- Schreibtisch, Schreibtischlampe, Stuhl, Telefon
- Ordner mit Hausinformationen, Bibel
- Fernseher
- Lan
- In Doppelzimmern 2 Sessel mit Tisch

Die Ausstattung und die Anlage der Neubauzimmer überzeugen durch eine außergewöhnliche Architektur.

Bei Anreise stehen den Gästen die Zimmer ab 12 Uhr zur Verfügung. Bei der Abreise bitten wir unsere Gäste, die Zimmer bis 10 Uhr zu verlassen. Ausnahmen machen wir nach Absprache jederzeit möglich.

Reinigung, Wäsche und Hausdekoration

Unser ansprechendes Ambiente erfordert eine sorgfältige Reinigung und Pflege.

Die Reinigung und Wäscheversorgung des Tagungszentrums erfolgt in Eigenregie, lediglich die Bettwäsche wird von einer Großwäscherei gewaschen. Die Anlieferung und Abholung erfolgt dreimal wöchentlich.

Belegte Zimmer werden täglich gereinigt, auf Wunsch tauschen wir auch täglich die Frotteewäsche. In belegten Tagungsräumen erfolgt täglich eine Zwischenreinigung. In den öffentlichen Räumen führen wir neben der täglichen regelmäßigen Reinigung mehrmals Sichtreinigungen durch.

Das Hauswirtschaftsteam besteht aus Vollzeit- und Teilzeitkräften:

- 1 Hauswirtschaftliche Betriebsleiterin
- 1 Hotelfachfrau
- 1 Hauswirtschaftlich-technische Helferin
- 6 angelernte Mitarbeiter
- 1 Auszubildende

mit einem Stundenumfang von insgesamt 6 Vollzeitkräften.

Anhand des Wochenbelegungsplans wird der Dienstplan erstellt. In einer täglichen Frühbesprechung legen wir den aktuellen Personaleinsatz nach den Anforderungen des Tagesbelegungsplans fest.

Wir dekorieren unsere öffentlichen Räume täglich mit frischen Blumen und legen dabei Wert auf ausgefallene, aber nicht übertriebene Arrangements.

Verpflegung

Unseren Hotelgästen bieten wir Frühstück, unseren Tagungsgästen eine Vollverpflegung an.

Wir bieten eine leichte Kost, die der überwiegend sitzenden Tätigkeit der Tagungsgäste Rechnung trägt.

Frühstück als Büfett im Speiseraum (7.00–10.00 Uhr):
- verschiedene Brotsorten und Brötchen
- verschiedener süßer Aufstrich
- mehrere Wurst- und Käsesorten
- Quark, Joghurt, frisches Obst
- Kaffee, schwarzer Tee und eine reiche Auswahl an Früchte- und Kräutertees, frische Milch
- Müsli

Mittagessen als Kombination von Büfett und Tischservice im Speiseraum (12.00–13.00 Uhr):
- Suppe
- großes Salatbüffet
- 2 Auswahlmenüs
- auf Wunsch vegetarisches Essen
- Dessert
- Mineralwasser

Abendessen als Büfett im Speiseraum (18.00–19.00 Uhr):
- verschiedene Brotsorten
- mehrere Wurst- und Käsesorten
- frisches Obst
- frische Salate
- schwarzer Tee und eine reiche Auswahl an Früchte- und Kräutertees
- Kaltgetränke

Nachtmahlzeit als kleines Büfett im Aufenthaltsraum:
- kleine Auswahl an Brot, Wurst, Käse, Salaten

Tagungsgetränke und Snacks servieren wir vor oder in den Tagungsräumen.

Zu Sonderveranstaltungen stellt unsere Küche jede gewünschte Verpflegung zur Verfügung.

Für die Belieferung der warmen Komponenten arbeiten wir mit einem Cateringunternehmen zusammen, von dem wir insbesondere ernährungsphysiologisch ausgewogenes, wirtschaftliches, hygienisches und ökologisches Arbeiten einfordern. Alle anderen Komponenten stellen wir in unserer Küche selbst her. Die Produkte beziehen wir von vier regional ansässigen Händlern.

Unsere Servicemitarbeiter tragen eine ansprechende Berufskleidung und servieren geschult nach Hotelstandard.

Das Küchenteam besteht aus Vollzeit- und Teilzeitkräften:

- 1 Küchenleiter, diätetisch geschult
- 1 hauswirtschaftliche Betriebsleiterin
- 2 Wirtschafterinnen
- 2 Küchenhilfen
- 5 Servicemitarbeiter

mit einem Stundenumfang von insgesamt 8,8 Vollzeitkräften.

Ökologische Grundsätze

Wir richten unsere Arbeit im Tagungszentrum an unseren ökologischen Leitlinien aus. Die Einhaltung des geltenden Umweltrechts ist für uns selbstverständlich. Darüber hinaus verpflichten wir uns,

- die Umweltbelastung durch eigenes Verhalten dauerhaft zu vermindern
- den Energieverbrauch zu senken und vorrangig alternative Energiequellen zu nutzen (u. a. Stromerzeugung durch den Einsatz einer Photovoltaikanlage)
- auf Möglichkeiten zur Verminderung des energieaufwändigen Individualverkehrs zu achten
- den Verbrauch von Rohstoffen (Papier, Wasser, Reinigungsmittel, technische Geräte) zu kontrollieren und zu vermindern
- den Lebensmitteleinkauf ökologisch zu orientieren
- gesundheitliche Risiken für unsere Mitarbeiter, Gäste und Menschen im Umfeld unserer Häuser zu vermindern

4.8 Leistungsverzeichnis

Im weiteren Verlauf der Planung werden die Leistungen, die im Hauswirtschaftskonzept grob umrissen wurden, detailliert aufgeführt. Hier wird der Qualitätsstandard der Dienstleistung konkret benannt.

Leistungsverzeichnisse werden häufig in Tabellenform verfasst, Checklisten und Fließtext sind aber ebenso möglich.

Ein Leistungsverzeichnis erfüllt mehrere Funktionen:

- Es ist eine konkrete Zusage des Unternehmens an seine Kunden und ist Grundlage für Vertragsvereinbarungen.
- Es ist die Basis für die Berechnung des Personalbedarfs und der Arbeitsmittel.
- Bei Vergabe einer Dienstleistung ist es die Grundlage für die Angebotserstellung und die Vertrags- und Preisverhandlungen.
- Es gibt den Mitarbeitern eindeutige Vorgaben, welche Leistungen sie zu erbringen haben.
- Es bildet die Grundlage zur Durchführung von Qualitätskontrollen.

Auch hier einige Beispiele, die zeigen sollen, wie verschieden Leistungsverzeichnisse gestaltet sein können.

Beispiel 1
Reinigung in einem Alten- und Pflegeheim
(Ausschnitt Reinigung Bewohnerzimmer)

Beispiel 2
Bereitstellung von Tagungsräumen im Tagungszentrum Hohenheim

Beispiel 3
Wäscheversorgung in einem Heim
(für eine Ausschreibung der Wäschedienstleistung)

Beispiel 4
Wäscheservice innerhalb eines Wohnbereichs

Beispiel 5:
Verpflegung in einer Ferieneinrichtung für Jugendliche

4.8.1 Beispiel 1: Reinigung in einem Alten- und Pflegeheim

1 a Tätigkeitsorientiertes Leistungsverzeichnis (Ausschnitt)

Im tätigkeitsorientierten Leistungsverzeichnis wird festgelegt, welche Reinigungsleistungen nach welchem Reinigungsverfahren wie häufig erbracht werden.

Dabei spielt es keine Rolle, ob tatsächlich eine Verschmutzung vorliegt.

Gegenstand	Reinigungsverfahren	6 x wö	2 x wö	1 x mo
Schränke, Tische, Stühle, Nachttisch	Oberflächen feucht Staub Wischen		x	
Betten	oben feucht abwischen		x	
Mülleimer	leeren, feucht auswischen, mit Müllbeutel bestücken	x		
Türen	im Griffbereich feucht abwischen	x		
Fensterbänke	feucht abwischen		x	
Heizkörper	oben feucht abwischen		x	
Lampen	oben feucht abwischen		x	
Spinnweben	entfernen		x	
Fußleisten	feucht abwischen			x
Fußboden	nass wischen	x		

1 b Ergebnisorientiertes Leistungsverzeichnis (Ausschnitt)

Im ergebnisorientierten Leistungsverzeichnis wird festgelegt, wie häufig welches Reinigungsergebnis erzielt werden muss.

Die Reinigungsmitarbeiter entscheiden bei dieser Art des Leistungsverzeichnisses selbst, ob und in welchem Umfang heute eine Reinigung nötig ist und machen dies vom Verschmutzungsgrad und von dem geforderten Ergebnis abhängig.

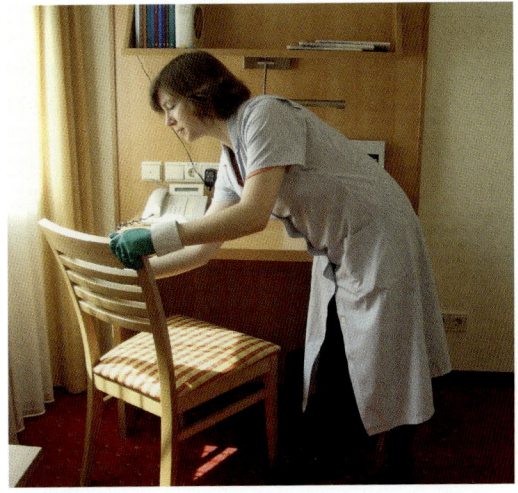

Gegenstand	Reinigungsergebnis	6 x wö	2 x wö	1 x mo
Schränke, Tische, Stühle, Nachttisch	Oberflächen sind frei von Spinnweben und Staub und sind streifenfrei sauber		x	
Mülleimer	sind sauber und mit Müllbeutel bestückt	x		
Türen	sind im Griffbereich streifenfrei sauber	x		
usw.	usw.			

4.8.2 Beispiel 2: Bereitstellung von Tagungsräumen im Tagungszentrum Hohenheim

Leistungen vor der Nutzung durch Veranstalter

- Reinigung der Böden, Tische, Stühle, Tagungstechnik
- Richten der Bestuhlung und des Podiums nach Vorgabe des Veranstalters
- Richten der Tagungstechnik nach Vorgaben des Veranstalters
- Prüfen der Tagungstechnik
- Bereitstellung und Pflege von Raumschmuck
- Bereitstellung von Getränken, Gläsern, Getränkekasse nach Vorgabe des Veranstalters
- Bereitstellung von Büfetttischen für Kaffee und Snacks nach Vorgabe des Veranstalters (in der Regel im Foyer, nicht im Tagungsraum)
- Beschilderung vor dem Tagungsraum

Leistungen während der Nutzung durch Veranstalter

- Täglich Sichtreinigung der Böden, Tische, Stühle
- Täglich Aufräumen des Tagungsraumes
- Täglich Entsorgung von Papier, Leergut
- Mehrmals täglich Bestückung mit frischen Gläsern
- Bei Bedarf Auffüllen von Moderationsmaterial
- Bereitstellung der Seminarverpflegung nach Vorgabe des Veranstalters
- Bei Bedarf technische Unterstützung

Grundreinigung

- 2 mal jährlich Reinigung der Fenster
- 1 mal jährlich Reinigung der Vorhänge
- 1 mal jährlich Grundreinigung der Böden

4.8.3 Beispiel 3: Wäscheversorgung in einem Heim für eine Ausschreibung der Wäschedienstleistung

Strukturelle und qualitätsrelevante Vorgaben der Einrichtung

Zahl der Bewohner	90	
Wäschearten und Wäschemengen pro Monat	Bettwäsche	1.500 kg
	Frotteewäsche	980 kg
	Sonstige Hauswäsche	530 kg
	Bewohnerwäsche	1.650 kg
	Küchenwäsche	190 kg
	Tischwäsche	70 kg
Gebäude mit Fahrstuhl	**Anlieferung:** in drei Wohnbereiche (EG, 1. Etage, 2. Etage) und vor die Küche (EG) **Abholung:** im UG	
Qualitäts- anforderungen	Für die hygienische Qualität ist die RAL-GZ 992/2 maßgeblich. Der Dienstleister legt regelmäßig unaufgefordert die Ergebnisse seiner Qualitätsprüfungen vor. Die Wäsche wird sauber, frei von Haaren, Flusen und Schädlingen, vollständig trocken, geglättet und gelegt angeliefert. Die Wäsche hat einen neutralen Geruch. Für Reklamationen steht ein fester Gesprächspartner des Dienstleisters zur Verfügung. Der Dienstleister verpflichtet sich zur Termintreue und hat ein betriebseigenes Notfallmanagement.	

Leistungen zur Wäscheversorgung

Sammeln und sortieren der Wäsche	Bereitstellung des Wäschesammel- und Sortiersystems einschließlich Wäschesammler, Säcke und Container für Schmutzwäsche
Abholung der gebrauchten Wäsche	3 x wöchentlich (Montag, Mittwoch, Freitag) bei Feiertagen, die auf einen Montag fallen, Abholung auch samstags
Waschen und Trocknen	Hygienisches Waschen und Trocknen nach vorgegebener Sortierung Einsatz von hautfreundlicher und geruchsneutraler Waschchemie
Aufbereiten der Wäsche	Bettwäsche: mangeln, legen, nach Wohnbereichen sortieren (80 % Standardbettwäsche, 20 % private Bettwäsche) Frotteewäsche: legen, nach Wohnbereichen sortieren (80 % Standardfrotteewäsche, 20 % private Frotteewäsche) Sonstige Hauswäsche: mangeln, legen, nach Wohnbereichen sortieren Bewohnerwäsche: bewohner- und wohnbereichsbezogen sortieren Oberbekleidung: 95 % finishen, legen 5 % von Hand bügeln, hängen Leibwäsche: legen Küchenwäsche: mangeln, legen Tischwäsche: stärken, mangeln, legen
Anlieferung der sauberen Wäsche	3 x wöchentlich (Montag, Mittwoch, Freitag) bei Feiertagen, die auf einen Montag fallen, Anlieferung auch samstags Anlieferung in hygienisch abgedeckten Rollcontainern mit Fachböden Anlieferungszeit 9.30 Uhr – 10.00 Uhr

4.8.4 Beispiel 4: Wäscheservice innerhalb eines Wohnbereiches

Wäscheservice-Leistung	werk-täglich	wöchent-lich	monat-lich	nach Absprache
Regalwagen in Wohnbereiche transportieren	1x			
Privatwäsche in Zimmer bzw. Schränke verteilen	1x			
Bettwäsche, Frotteewäsche, Pflegewäsche in Wäschelager (Schränke und Wagen) im Wohnbereich räumen		3x		
Arbeitskleidung verteilen		3x		
Leere Regalwagen in Wäscherei transportieren	1x			
Wäschelager im Wohnbereich reinigen			1x	
Wäschesammelwagen im Wohnbereich reinigen und pflegen		1x		
Wäsche aus chemischer Reinigung annehmen und in Bewohnerzimmern verteilen		1x		
Gardinen abnehmen und aufhängen				x
Wäsche kennzeichnen				x
Bewohner und Angehörige bei Neueinzug über den Wäscheservice informieren				x
Bewohner beim Einkauf von Wäsche beraten				x
Wäscheinventur durchführen				1x jährlich
Reklamationen annehmen, weiterleiten bzw. bearbeiten				x

4.8.5 Beispiel 5: Verpflegung in einer Ferieneinrichtung für Jugendliche

Verpflegungsleistungen

Das Essen wird in der hauseigenen Küche täglich nach ernährungsphysiologischen Kriterien für Kinder und Jugendliche frisch gekocht. Grundlage für die Speisenplanung bilden die Leitsätze

- „Fünfmal am Tag"
- „Optimierte Mischkost"

Die Leistungen im Einzelnen:

Frühstück

- wechselnde Brotsorten
- Vollkornbrötchen
- Butter und Margarine
- wechselnde Sorten von süßem Brotaufstrich
- wechselnde Sorten Wurst und Käse
- 2 mal wöchentlich gekochte Eier
- Quark
- Joghurt
- Buttermilch
- Müsli
- frisches Obst
- Kaffee-Ersatz, Frischmilch, Kakao, 2 Sorten Saft, Mineralwasser, Tee

Zwischenmahlzeit

- frisches Obst oder
- jahreszeitliche Rohkost oder
- Bircher Müsli

Mittagessen

- frische jahreszeitliche Salate
- 1 warmes Menü
  - 2–3 mal wöchentlich Fleisch
  - 1 mal wöchentlich Fisch
  - täglich wechselnde Beilage wie Kartoffel-, Reis-, Getreide oder Nudelvariationen
  - täglich wechselnde jahreszeitliche Gemüsebeilagen
  - 1 mal wöchentlich Eintopf/Auflauf
- täglich wechselnde Desserts
  - frisches Obst oder
  - gekochte Süßspeisen oder
  - Milchprodukte
- Mineralwasser und Saft

Zwischenmahlzeit

- frisches Obst
- 2 mal wöchentlich selbst gebackener Kuchen

Abendessen

- wechselnde Brotsorten
- Butter und Margarine
- wechselnde Sorten Wurst, Käse, kalter Fisch
- frisches Obst und Rohkost
- wechselnde Salate
- Frischmilch, Kakao, Mineralwasser, Tee

An den Anreisetagen wird die warme Mahlzeit auf den Abend verlegt.

An den Abreisetagen und bei ganztägigen Unternehmungen erhalten die Gäste ein Lunchpaket.

Einmal wöchentlich veranstaltet die Küche ein Event, in das die Gruppen aktiv mit einbezogen werden.

Serviceleistungen

- Die Mahlzeiten werden in Schüsseln an der Ausgabe bereitgestellt.
- Geschirr und Besteck wird bereitgestellt. Die Jugendlichen decken die Tische, bedienen sich selbst, räumen das gebrauchte Geschirr auf Wagen und wischen die Tische ab.
- Jede Gruppe kann während ihres Aufenthaltes ein kostenloses zweistündiges Seminar zur gesunden Ernährung buchen.

4.9 Hauswirtschaftliche Prozesse

Das Wort „Prozess" hat einen lateinischen Ursprung: procedere – frei übersetzt: wie etwas abläuft.

In Prozessen werden Abläufe, Zuständigkeiten und Mittel beschrieben, die notwendig sind, um ein Produkt zu erstellen oder eine Dienstleistung zu erbringen.

Die Deutsche Gesellschaft für Qualität DGQ definiert Prozess als

> Gesamtheit von in Wechselbeziehung stehenden Abläufen, Vorgängen und Tätigkeiten, durch welche Werkstoffe, Energie oder Information transportiert oder umgeformt werden.

Die DIN EN ISO 9000:2000 definiert Prozess als

> Satz von in Wechselwirkung stehenden Tätigkeiten, die Eingaben in Ergebnisse umwandeln.

Man spricht im Qualitätsmanagement häufig von „Schlüsselprozessen". Welche Prozesse Schlüsselprozesse sind, kommt auf den Standpunkt an.

- Vom Standpunkt einer Einrichtung in der stationären Altenhilfe gibt es die Schlüsselprozesse
  – Pflege
  – hauswirtschaftliche Versorgung und Betreuung
  – sozialer Dienst
  – Verwaltung
  – haustechnischer Dienst
- Vom Standpunkt der Abteilung Hauswirtschaft gibt es die Schlüsselprozesse
  – Speisenversorgung
  – Reinigung
  – Wäscheservice
  – Hausgestaltung
  – Haustechnik
- Vom Standpunkt der Speisenversorgung gibt es die Schlüsselprozesse
  – Speisenplanung
  – Beschaffung
  – Lieferung
  – Lagerung
  – Produktion
  – Ausgabe
  – Entsorgung, Reinigung, Spülen

Auch wenn jede Abteilung ihre eigenen Prozesse hat, so stehen sie doch in einer engen Beziehung zueinander. Man spricht hier vom „Prozessorientierten Ansatz", den die DIN ISO 9000 so definiert:

„Damit sich Organisationen wirksam betätigen können, müssen sie zahlreiche miteinander verknüpfte und in Wechselwirkung zueinander stehende Prozesse erkennen und handhaben. Oft bildet das Ergebnis des einen Prozesses die direkte Eingabe für den nächsten. Das systematische Erkennen sowie Handhaben dieser verschiedenen Prozesse innerhalb einer Organisation, vor allem aber der Wechselwirkungen zwischen solchen Prozessen, wird als „prozessorientierter Ansatz" bezeichnet."

Im Qualitätsmanagement geht es darum, das Struktur- und Abteilungsdenken zugunsten von prozessorientiertem Denken abzulegen und die Prozesse am Kunden auszurichten. Die Schnittstellen müssen so gestaltet werden, dass der Kunde nicht merkt, dass mehrere Mitarbeiter aus verschiedenen Abteilungen für seine Dienstleistung tätig sind. Ihn interessieren

- das zubereitete und servierte Essen
- das bezogene Bett
- das gereinigte Zimmer
- die jahreszeitlich dekorierten Räume
- der funktionierende Aufzug.

Aufgabe der Bereichsleitungen ist es, die Schnittstellen zu definieren, gemeinsam zu gestalten und mit den Mitarbeitern zu kommunizieren.

So entsteht eine große Prozesslandschaft, in der jede Profession, die in der Einrichtung tätig ist, ihre spezifischen Fachkenntnisse einbringt, aber dabei den Einfluss der anderen Professionen zum Nutzen des Kunden erkennt und danach handelt.

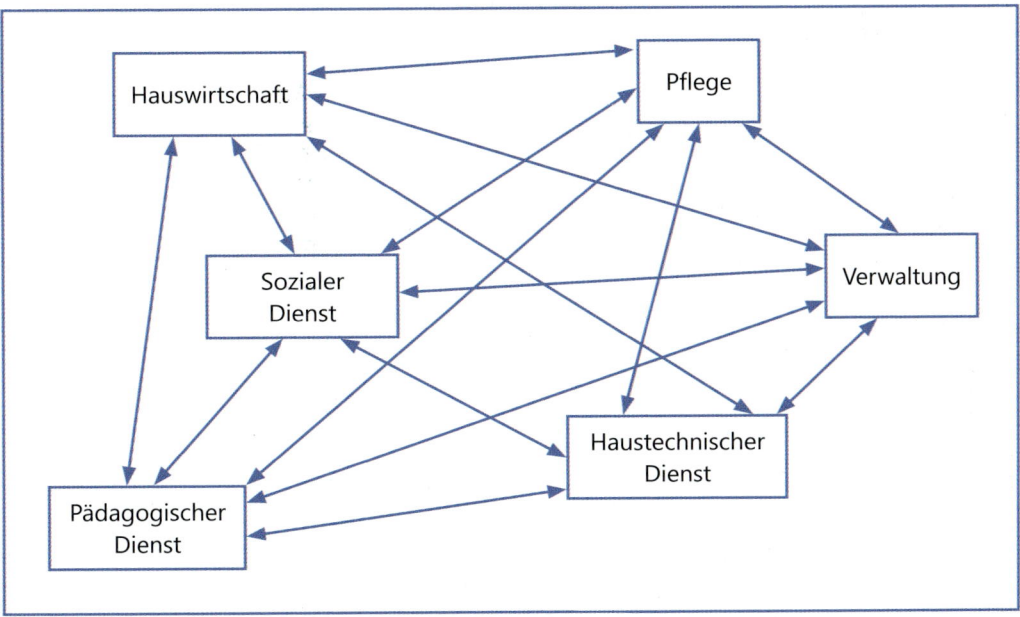

Damit in einem Unternehmen die Produkte und Dienstleistungen in gleich bleibender Qualität erbracht werden können, werden die Prozesse schriftlich dargelegt.

Neben der Ablaufbeschreibung werden die Rahmenbedingungen genannt, unter denen die Prozesse stattfinden. Wie umfangreich diese Rahmenbedingungen beschrieben werden, hängt von verschiedenen Faktoren ab:

- Strebt das Unternehmen eine Zertifizierung an?
- Gibt es für das Unternehmen gesetzliche Vorgaben zum Qualitätsmanagement?
- Wie viel Zeit kann/will/muss das Unternehmen für die Dokumentation investieren?
- Wie viele Mitarbeiter sind im Unternehmen beschäftigt?

Es liegt auf der Hand, dass eine Pflegeeinrichtung mit einer gesetzlich verankerten Pflicht zum Qualitätsmanagement und einem Vollzeit-Qualitätsbeauftragen in einem vollkommen anderen Umfang dokumentiert als eine Pension mit „Urlaub auf dem Bauernhof".

Unabhängig von der Art des Unternehmens ist jedoch darauf zu achten, dass innerhalb eines Unternehmens in allen Bereichen mit demselben Layout gearbeitet wird.

Der folgende beispielhaft dargestellte Prozess besteht

- aus einem Stammblatt
- aus einer Ablaufbeschreibung in Form eines Flussdiagramms
- aus Arbeitsanweisungen und Checklisten.

Im Stammblatt werden folgende Kriterien benannt:

- Ziel und Zweck
- Prozesseigentümer und Prozessbeteiligte
- Kennzahlen
- Rechtsnormen
- Mitgeltende Unterlagen
- Schnittstellen

Die Symbole des Flussdiagramms stehen für:

○	Anfang und Ende, Überleitung bei Darstellung über mehrere Seiten
▭	Aufgabe, Vorgang, Tätigkeit, Prozessschritt
▯▯	Verweis auf einen Prozess, der an einer anderen Stelle beschrieben ist
◇	Entscheidung
▱	Vorgabedokument
⬓	Nachweisdokument

Akademie der Diözese Rottenburg-Stuttgart	Tagungszentrum Hohenheim	Hausdienst
6.4.1 Reinigung und Bereitstellung der Gästezimmer		
Ziel und Zweck	Jeder Gast findet bei seiner Anreise und während seines Aufenthaltes täglich ein wohnliches, freundliches, gereinigtes Zimmer vor. Im Zimmer findet er notwendige Informationen für einen angenehmen Aufenthalt.	
Prozesseigentümer	Hauswirtschaftsleitung	
Prozessbeteiligte	Mitarbeiter des Reinigungsdienstes	
Kennzahlen	Zahl der Anreisen Zahl der Zimmer ohne Gästewechsel	
Rechtsnormen	Vorschriften der Berufsgenossenschaft	
Mitgeltende Unterlagen	6.4.1.1 Zimmerliste 6.4.1.2 Arbeitsanweisung Zimmerreinigung 6.4.1.3 Reinigungsplan	
Schnittstellen	Empfang Wäscherei Haustechnik	

Freigabe	Bearbeiter	Status	Datum	Seite
Unterschrift	HWL	1	14.10.20…	1 von 5

Akademie der Diözese Rottenburg-Stuttgart	Tagungszentrum Hohenheim	Hausdienst
6.4.1 Reinigung und Bereitstellung der Gästezimmer		

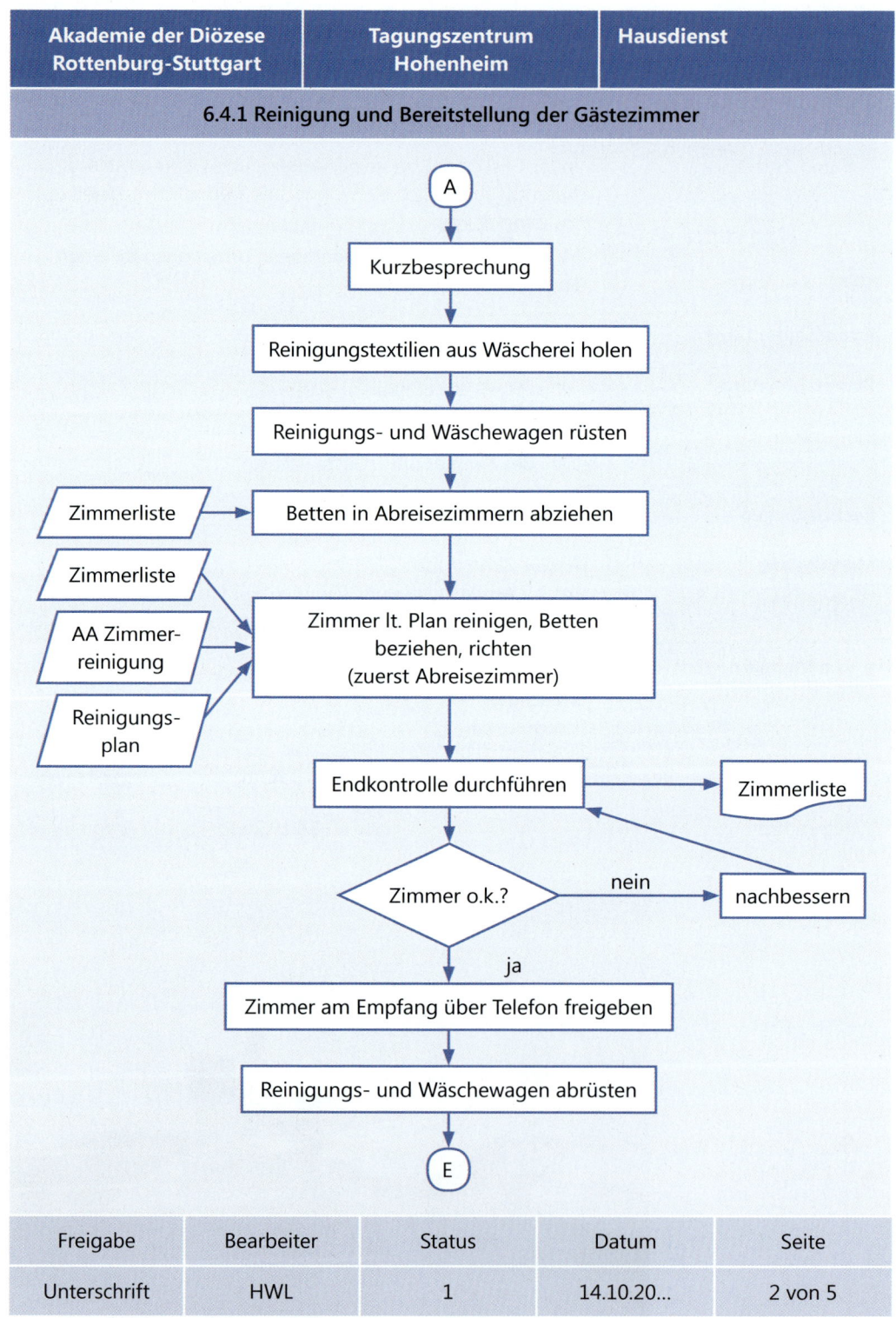

A

Kurzbesprechung

Reinigungstextilien aus Wäscherei holen

Reinigungs- und Wäschewagen rüsten

Zimmerliste → Betten in Abreisezimmern abziehen

Zimmerliste
AA Zimmer-reinigung
Reinigungs-plan
→ Zimmer lt. Plan reinigen, Betten beziehen, richten (zuerst Abreisezimmer)

Endkontrolle durchführen → Zimmerliste

Zimmer o.k.? — nein → nachbessern

ja

Zimmer am Empfang über Telefon freigeben

Reinigungs- und Wäschewagen abrüsten

E

Freigabe	Bearbeiter	Status	Datum	Seite
Unterschrift	HWL	1	14.10.20...	2 von 5

Akademie der Diözese Rottenburg-Stuttgart		6.4.1.1 Zimmerliste					

Datum: _____ Mitarbeiter: _____

_____ Stock/Westflügel/Ostflügel

Zimmer o.k.	Zi-Nr.	täglich	frisch	Bemerkung	Getränke	Unter-schrift

Freigabe	Bearbeiter	Status	Datum	Seite
Unterschrift	HWL	1	14.10.20...	3 von 5

Akademie der Diözese Rottenburg-Stuttgart	**6.4.1.2 Arbeitsanweisung Zimmerreinigung**

Abreisezimmer zuerst reinigen und richten
(Bezeichnung in der Zimmerliste: „frisch")
- Betten abziehen
- Zimmer lüften
- Abfall leeren
- Spinnweben entfernen
- Betten beziehen
- Betthupferl und Flyer auf Kopfkissen legen
- Oberflächen reinigen
- Auslagen und 1 Wasserflasche mit Glas auf Tisch richten
- Boden saugen
- Toilette abziehen, WC-Reiniger hinein geben
- Dusche reinigen
- Waschbecken reinigen
- Toilette reinigen
- Frotteewäsche ins Bad legen
- Hygieneartikel auffüllen
- Boden wischen

Anschließend belegte Zimmer reinigen und richten
(Bezeichnung in der Zimmerliste: „täglich")
- Zimmer lüften
- Abfall leeren
- Betten machen
- Oberflächen reinigen
- Auslagen und 1 Wasserflasche auf Tisch richten
- Boden saugen
- Toilette abziehen, WC-Reiniger hinein geben
- Dusche reinigen
- Waschbecken reinigen
- Toilette reinigen
- Auf Wunsch Frotteewäsche im Bad wechseln
- Toilettenpapier auffüllen
- Boden wischen

Reparaturbedarf sofort am Empfang melden.

Sonderreinigungen werden in belegungsarmen Zeiten durchgeführt.

Freigabe	Bearbeiter	Status	Datum	Seite
Unterschrift	HWL	1	14.10.20...	4 von 5

Akademie der Diözese Rottenburg-Stuttgart	6.4.1.3 Reinigungsplan	
Reinigungsplan Zimmer mit Duschbad und WC		
was	**wie**	**womit**
Papierkorb	leeren, feucht auswischen	Allzweckreiniger
Spinnweben	trocken entfernen	Spinnwebenbesen
Tisch mit Telefon und Prospektständer, TV, Einbauschrank, Kofferablage, Lampen, Bettgestell, Nachttisch, Bilderrahmen	mit präparierten Mikrofasertüchern (blau) feucht abwischen	Allzweckreiniger
Teppichboden im Zimmer	saugen	Staubsauger
WC, Dusche, Waschbecken, Fliesen, Armaturen, Ablagen	mit präparierten Mikrofasertüchern (rot für WC, gelb für übrige Bereiche) feucht abwischen	Sanitärreiniger
Boden im Bad	mit Twixter-System wischen	Reiniger für wasserfeste Böden

Der Plan gilt für Abreisezimmer und belegte Zimmer.

Freigabe	Bearbeiter	Status	Datum	Seite
Unterschrift	HWL	1	14.10.20...	5 von 5

4.10 Qualitätsverbesserung

Alle bisher dargestellten Aktivitäten im Qualitätsmanagement

- Qualitätsplanung mit Leitbild, Konzept, Leistungsverzeichnis, Personalmanagement
- Qualitätssicherung mit Prozessbeschreibung

sind die Voraussetzung für einen kontinuierlichen Verbesserungsprozess (KVP). Doch erst durch das ständige Bemühen, die geplante und erbrachte Qualität weiter zu verbessern, wird der Deming-Kreis vollständig.

Gründe und Anlässe für eine Verbesserung von Dienstleistungen:

- Die Ansprüche und Wünsche der Kunden ändern sich:
  z. B. im Tagungshaus Wunsch nach Zimmer mit eigener Dusche und WC und mit Fernseher
- Die Industrie entwickelt neue Geräte/Maschinen/Verfahren:
  z. B. elektronisch gesteuerte Gartechniken, mit denen ernährungsphysiologisch hochwertig produziert werden kann
- Gesellschaftliche Veränderungen:
  z. B. neue Konzepte in der Alten-, Behinderten- und Jugendpflege, die neue Prozesse und ein grundsätzliches Umdenken von der hauswirtschaftlichen Versorgung zur hauswirtschaftlichen Betreuung erfordern.

Um eine Dienstleistung oder ein Produkt verbessern zu können, müssen diese systematisch überprüft werden.

Wenn Sie bei der Qualitätsplanung und bei der Prozessbeschreibung Ziele klar definiert und Qualitätsstandards benannt haben, haben Sie die notwendige Voraussetzung geschaffen, die Ergebnisqualität

- zu messen
- zu prüfen
- zu analysieren
- und zu verbessern.

Beispiel 1: Wäscherücklauf der persönlichen Wäsche in der Altenhilfe

Ziel

Die Bewohner erhalten innerhalb von fünf Tagen die persönliche Wäsche schrankfertig gepflegt zurück.

Messung/Prüfung und Analyse

- Stichprobenartiges Messen der Verweildauer
- Bewohner-/Angehörigenbefragung
- Mitarbeiterbefragung
- Auswertung von Beschwerden

Wenn die Ergebnisse der Messung/Prüfung negativ von der Zielvorgabe abweichen, erfolgt eine Analyse der Gründe:

- Ist das Ziel realistisch?
- Sind die Abläufe im Wäscheprozess optimal?
- Ist die Maschinentechnik optimal?
- Ist die Anzahl der Mitarbeiter angemessen?
- Sind die Mitarbeiter gut geschult?
- Gibt es Reibungsverluste an den Schnittstellen Wäscherei/Pflege?

Qualitätsverbesserung

- Maßnahmen je nach Ergebnis der Analyse

Beispiel 2: Verpflegung in einem Tagungshaus

Ziel

Wir bieten unseren Tagungsgästen eine leichte Kost, die der überwiegend sitzenden Tätigkeit angemessen ist.

Messung/Prüfung und Analyse

- Wöchentliche Prüfung des Speisenplans
- Stichprobenartige Prüfung der Gartechniken
- Stichprobenartige Prüfung des Warenkorbs
- Teilnehmerbefragung, Referentenbefragung
- Auswertung von Beschwerden

Wenn die Ergebnisse der Messung/Prüfung negativ von der Zielvorgabe abweichen, erfolgt eine Analyse der Gründe:

- Entsprechen Speisenplan, Gartechniken, Gargeräte und der Warenkorb dem Ziel?
- Sind die Mitarbeiter gut geschult?
- Gibt es Reibungsverluste an den Schnittstellen Küche/Service?

Qualitätsverbesserung

- Maßnahmen je nach Ergebnis der Analyse

Beispiel 3: Reinigung in einem Krankenhaus

Ziel

Die Reinigungskräfte beugen durch eine sachgemäße Reinigung nosokomialen Infektionen (Krankenhausinfektionen) vor.

Messung/Prüfung und Analyse:

- Regelmäßige Prüfung
  - des Arbeitens nach dem Drei-Farben-System
  - der sachgemäßen Anwendung der Reinigungschemie
  - des sachgemäßen Reinigungsverfahrens
  - der Personalhygiene, insbesondere der Händehygiene
  - des baulichen Zustandes
- Regelmäßige Entnahme und mikrobiologische Auswertung von Abklatschproben
- Auswertung von nosokomialen Infektionen durch Hygienefachkraft

Wenn die Ergebnisse der Messung/Prüfung negativ von der Zielvorgabe abweichen, erfolgt eine Analyse der Gründe:

- Sind die Reinigungskräfte gut geschult?
- Haben die Reinigungskräfte eine ausreichende Anzahl von Arbeitsmaterial (Reinigungstextilien, Materialien zum Arbeitsschutz)?
- Haben die Reinigungskräfte angemessene Zeit?
- Gibt es Reibungsverluste an den Schnittstellen Reinigung/Pflege?

Qualitätsverbesserung:

- Maßnahmen je nach Ergebnis der Analyse

Einem Unternehmen, das sich eine konsequente Qualitätsverbesserung auf die Fahnen geschrieben hat, stehen zahlreiche Instrumente zur Qualitätsverbesserung zur Verfügung.

- Internes Audit
- Beschwerdemanagement
- Qualitätszirkel
- Kundenbefragung
- Mitarbeiterbefragung

In einem internen Audit werden die Qualitätsaktivitäten innerbetrieblich überprüft und beurteilt.

In einem Beschwerdemanagement wird systematisch festgelegt, wie auf Beschwerden von Kunden reagiert wird, damit innerhalb kürzester Zeit dem Kunden eine zufrieden stellende Rückmeldung und Verbesserung angeboten werden kann.

In einem Qualitätszirkel erarbeiten Mitarbeiter aus verschiedenen Abteilungen zu einem ausgewählten Problembereich Lösungs- und Verbesserungsvorschläge.

Kunden- und Mitarbeiterbefragungen reflektieren die Meinung der Kunden bzw. Mitarbeiter.

4.11 Anforderungen des Medizinischen Dienstes der Krankenkassen (MDK) an die Qualität der hauswirtschaftlichen Dienstleistung in stationären Einrichtungen nach SGB XI

4.11.1 Gesetzliche Rahmenbedingungen

Die stationären Einrichtungen in der Altenhilfe erbringen ihre Dienstleistungen unter den gesetzlichen Rahmenbedingungen des

- Sozialgesetzbuch Elftes Buch, kurz SGB XI
  – Soziale Pflegeversicherung –

Es wurde 2008 durch das Pflegeweiterentwicklungsgesetz umfassend reformiert, 2012 durch das Pflege-Neuausrichtungs-Gesetz (PNG).

Im SGB XI werden u. a. die Anforderungen an die Qualität in stationären Einrichtungen festgelegt. § 113 SGB XI regelt die „Maßstäbe und Grundsätze zur Sicherung und Weiterentwicklung der Pflegequalität".

Der Medizinische Dienst der Krankenkassen (MDK) prüft die Qualität. Der Prüfauftrag begründet sich aus den §§ 112, 114 SGB XI

Dort heißt es:

---

§ 112 SGB XI Qualitätsverantwortung

(2) Die zugelassenen Pflegeeinrichtungen sind verpflichtet, Maßnahmen der Qualitätssicherung sowie ein Qualitätsmanagement nach Maßgabe der Vereinbarungen nach § 113 durchzuführen, Expertenstandards nach § 113a anzuwenden sowie bei Qualitätsprüfungen nach § 114 mitzuwirken. Bei stationärer Pflege erstreckt sich die Qualitätssicherung neben den allgemeinen Pflegeleistungen auch auf die medizinische Behandlungspflege, die soziale Betreuung, die Leistungen bei Unterkunft und Verpflegung (§ 87) sowie auf die Zusatzleistungen (§ 88).

§ 114 SGB XI Qualitätsprüfungen

(1) Zur Durchführung einer Qualitätsprüfung erteilen die Landesverbände der Pflegekassen dem Medizinischen Dienst der Krankenversicherung oder den von ihnen bestellten Sachverständigen einen Prüfauftrag. Der Prüfauftrag enthält Angaben zur Prüfart, zum Prüfgegenstand und zum Prüfumfang. Die Prüfung erfolgt als Regelprüfung, Anlassprüfung oder Wiederholungsprüfung. Die Pflegeeinrichtungen haben die ordnungsgemäße Durchführung der Prüfungen zu ermöglichen.

4.11.2 Qualitätsprüfungs-Richtlinie (QPR)

Die Prüfer des MDK müssen sich an die

- Qualitätsprüfungs-Richtlinie-QPR

halten. Die aktuelle QPR ist seit 17.01.2014 gültig.

Der Erhebungsbogen zur Prüfung besteht aus 18 Kapiteln:

- Die ersten acht Kapitel befassen sich mit der Struktur- und Prozessqualität und bestehen aus Fragen, die an die Einrichtung gerichtet werden.

- Die folgenden neun Kapitel befassen sich mit der Prozess- und Ergebnisqualität und beinhalten Fragen, die sich auf den Zustand und die persönliche Zufriedenheit der Bewohner beziehen.

- Das 18. Kapitel enthält den Erhebungsbogen zur Befragung der Bewohner.

Fragen zur Struktur- und Prozessqualität

1. Angaben zur Prüfung und zur Einrichtung
2. Allgemeine Angaben
3. Aufbauorganisation Personal
4. Ablauforganisation
5. Qualitätsmanagement
6. Hygiene
7. Verpflegung
8. Soziale Betreuung

Fragen zur Prozess- und Ergebnisqualität

9. Allgemeine Angaben
10. Behandlungspflege
11. Mobilität
12. Ernährung und Flüssigkeitsversorgung
13. Harninkontinenz
14. Umgang mit Personen mit eingeschränkter Alltagskompetenz
15. Körperpflege
16. Sonstige Aspekte der Ergebnisqualität
17. Sonstiges

Erhebungsbogen zur Befragung der Bewohner

18. Befragung der Bewohner

Im **Kapitel 1 „Angaben zur Prüfung und zur Einrichtung"** werden strukturelle Daten der Einrichtung erfasst und allgemeine Angaben zur Prüfung gemacht.

Eine Frage zielt auf die Zusatzleistungen gemäß § 88 SGB XI. Sofern Sie besondere Komfortleistungen bei der Unterkunft und Verpflegung anbieten, müssen diese zwischen der Pflegeeinrichtung und dem Bewohner schriftlich vereinbart sein und den Landesverbänden der Pflegekassen und den überörtlichen Trägern der Sozialhilfe schriftlich mitgeteilt sein.

Dazu beschreiben Sie:

- Art der Leistung
- Umfang der Leistung
- Kosten der Leistung
- Dauer und Zeitabfolge der Leistung, sofern dies nach Art der hauswirtschaftlichen Leistung möglich ist.

Des Weiteren möchte der MDK wissen, ob Leistungen von anderen Anbietern erbracht werden. Dies könnten z. B. Leistungen eines Caterers, einer gewerblichen Wäscherei oder eines Gebäudereinigers sein. Auch wenn Leistungen extern vergeben sind, bleibt die Verantwortung für diese Leistungen bei der Einrichtung. Das bedeutet, dass Sie sowohl für die inhaltliche Vertragsgestaltung als auch für das Ergebnis der Dienstleistung verantwortlich bleiben. Die juristische Vertragsgestaltung liegt allerdings in der Verantwortung der Heimleitung.

Legen Sie also bei der Auswahl von externen Dienstleistungen besonderen Wert auf die Qualitätsstandards und die interne Qualitätsüberwachung. Im Idealfall ist der Dienstleister zertifiziert oder hat zumindest ein Qualitätshandbuch und führt systematisch eigene Qualitätskontrollen durch.

Im **Kapitel 2 „Allgemeine Angaben"** stellt der MDK Fragen, die die Ausstattung, das Wohnen und die Sicherheit in der Einrichtung betreffen. Hier sind folgende Kriterien relevant:

- Individuelle Zimmergestaltung
- Mitbringen persönlicher Gegenstände
- Mitbringen eigener Wäsche
- Abschließbare Fächer
- Gestaltung der Zimmer entsprechend der Gewohnheiten des Bewohners
- Angemessene Beleuchtung in den unterschiedlichen Wohn- und Aufenthaltsräumen
- Allgemeine räumliche Orientierungshilfen (z. B. für Speiseraum, WC)
- Individuelle Orientierungshilfen (z. B. Fotos)
- Mitgestaltungsmöglichkeit für die Bewohner bei der Gestaltung von Gemeinschaftsräumen

Dies alles sind Schnittstellen, die Sie als Hauswirtschaftsleitung nicht allein verantworten, sondern an denen Sie eng mit Pflege, sozialem Dienst, Haustechnik und Heimleitung zusammen arbeiten.

Im **Kapitel 3 „Aufbauorganisation"** möchte der MDK belegt haben,

- ob die Verantwortungsbereiche und Aufgaben für die hauswirtschaftliche Versorgung geregelt sind
- ob eine Organisationsstruktur festgelegt ist
- welche Qualifikation die Mitarbeiter haben.

Dies lässt sich z. B. durch eine tabellarische Auflistung der Mitarbeiter darstellen.

Tabellarische Darstellung der Mitarbeiterstruktur

Name	Ausbildung	Zusätzliche fach-spezifische Qualifikation	Aufgabengebiet	Wochen-arbeits-zeit
Hauswirtschaftliche Gesamtleitung				
Erika Huth	HBL	Qualitätsentwicklerin für hauswirtschaftliche Dienstleistungen	Hauswirtschaftliche Gesamtleitung	40 Std.
Küche				
Simon Winter	Koch	Diätetisch geschulter Koch	Küchenleitung	40 Std.
Nina Dank	Hauswirt-schafterin	keine	Stellvertretende Küchenleitung	30 Std.
Nuran Gürdal	keine	keine	Küchenhilfe	25 Std.
…	…	…	…	…
…	…	…	…	…
Reinigung				
…				
Wäscherei				
…				

Im **Kapitel 4 „Ablauforganisation"** schaut sich der MDK ausschließlich die Ablauforganisation der Pflege an.

Im **Kapitel 5 „Qualitätsmanagement"** geht der MDK insbesondere auf die Pflegequalität ein, für die Hauswirtschaft relevant ist lediglich die Frage, ob die Einrichtung über ein Beschwerdemanagement verfügt.

Im **Kapitel 6 „Hygiene"** wird geprüft, ob Sie Ihrer Verantwortung für die hygienische Sicherheit der Bewohner nachkommen. Zunächst einmal stellen die Prüfer fest:

- Wie ist der optische Eindruck des Hauses?
- Welche Ordnung herrscht in der Einrichtung?
- Wie ist der Geruch?

Sie achten darauf, ob die Trennung zwischen rein und unrein eingehalten wird und generell, ob die Bewohner in einer hygienischen Umgebung leben.

Die Prüfer können auch die Mitarbeiter direkt zur Hygiene befragen:

- Zeigen Sie uns bitte, wie Sie Ihre Hände desinfizieren!
- Wie verhalten Sie sich, wenn Sie im Wohnbereich Reinigungsarbeiten erledigt haben und anschließend das Essen verteilen?

Die Basis für alle Hygieneaktivitäten bildet das Hygienekonzept, dass in § 36 Infektionsschutzgesetz verlangt wird. Dazu gehören:

- Definition von Hygienezielen
- Definition des allgemeinen Hygienestandards für die Bereiche Verpflegung, Wäscheservice und Hausreinigung
- Definition der Hygienestandards für besondere Hygienerisiken, die alle Abteilungen betreffen (z. B. Umgang bei MRSA, bei Ausbruch von Noro-Viren)
- Hygiene als Bestandteil des Einarbeitungskonzepts
- Regelmäßige Schulung der Mitarbeiter
- Beteiligung an Hygienezirkeln
- Überprüfung der Einhaltung der Hygienestandards

Im **Kapitel 7 „Verpflegung"** macht der MDK ausführliche Angaben. Es liegt auf der Hand, dass besonders dieses Kapitel nur in einer guten Kooperation mit der Pflege und auch dem sozialen Dienst bearbeitet werden kann.

Folgende Kriterien werden überprüft:

- Bekanntgabe der Speisepläne in gut lesbarer Form
- Abwechslungsreiches, vielseitiges und bedarfsgerechtes Speisenangebot: Wahlmöglichkeit, Diätkost, Wunschkost, auf Bedarfe für demenziell erkrankte Bewohner abgestimmt, auf Bedarfe für Bewohner mit Schluckstörungen abgestimmt, individuelle Portionsgrößen nach Wunsch der Bewohner
- Darbietung an den individuellen Fähigkeiten der Bewohner orientiert („Wird die Nahrung nur bei tatsächlicher Notwendigkeit klein geschnitten oder als passierte Kost serviert?")
- Kalt- und Warmgetränke jederzeit in unbegrenzter Menge für Bewohner verfügbar
- Abstand von der letzten Abendmahlzeit und der ersten Mahlzeit am Morgen nicht mehr als 12 Stunden (bei Diabetikern nicht mehr als 10 Stunden)
- Angebot von mindestens drei Hauptmahlzeiten und zwei Zwischenmahlzeiten
- Angebot der Mahlzeiten in angenehmen Räumen und entspannter Atmosphäre
- Zeitpunkt des Essens im Rahmen bestimmter Zeitkorridore frei wählbar

Kapitel 8 „Soziale Betreuung" wird hier nicht näher erläutert.

Im **Kapitel 9 „Allgemeine Angaben"** werden Angaben zu den per Zufallsstichprobe ausgewählten Bewohnern gemacht.

Die **Kapitel 10 bis 17** enthalten überwiegend pflegerelevante Fragen zur Prozess- und Ergebnisqualität und werden hier nicht näher erläutert.

Das **Kapitel 18 „Befragung der Bewohner"** dient dazu, die Bewohnerzufriedenheit festzustellen. Die Hauswirtschaft betreffen folgende Fragen:

Für alle Bereiche

- Sind die Mitarbeiter höflich und freundlich?

Speisenversorgung

- Schmeckt Ihnen das Essen in der Regel?
- Können Sie beim Mittagessen zwischen verschiedenen Gerichten wählen?
- Sind Sie mit den Essenszeiten zufrieden?
- Bekommen Sie Ihrer Meinung nach jederzeit ausreichend zuzahlungsfrei zu trinken angeboten?

Reinigung und Wäscheversorgung

- Entspricht die Hausreinigung Ihren Erwartungen?
- Erhalten Sie die zum Waschen abgegebene Wäsche zeitnah, vollständig und in einwandfreiem Zustand aus der Wäscherei zurück?

4.11.3 Die Pflege-Transparenzvereinbarung stationär (PTVS)

> **§ 115 SGB XI Ergebnisse von Qualitätsprüfungen**
>
> (1a) Die Landesverbände der Pflegkassen stellen sicher, dass die von Pflegeeinrichtungen erbrachten Leistungen und deren Qualität, insbesondere hinsichtlich der Ergebnis- und Lebensqualität, für die Pflegebedürftigen und ihre Angehörigen verständlich, übersichtlich und vergleichbar sowohl im Internet als auch in anderer geeigneter Form kostenfrei veröffentlich werden (...).

Es werden jedoch nicht die Ergebnisse der Prüfung nach der QPR veröffentlich, sondern eine Auswahl von 77 Kriterien, die in der

- Pflege-Transparenzvereinbarung stationär (PTVS)

festgeschrieben sind. Die aktuelle Fassung der PTVS trat am 01.01.2014 in Kraft.

Bewertungskriterien

Die Bewertungskriterien sind in fünf Qualitätsbereiche aufgeteilt:

1. Pflege und medizinische Versorgung
2. Umgang mit demenzkranken Bewohnern
3. Soziale Betreuung und Alltagsgestaltung
4. Wohnen, Verpflegung, Hauswirtschaft und Hygiene
5. Befragung der Bewohner

Der Schwerpunkt der hauswirtschaftlichen Kriterien liegt im 4. Qualitätsbereich. Im 1., 2. und 3. Qualitätsbereich gibt es jedoch Kriterien, die Schnittstellen von Hauswirtschaft/Pflege und Hauswirtschaft/Sozialer Dienst berühren. Im fünften Qualitätsbereich kommen die Qualitätsbereiche 1 bis 4 aus Sicht der Bewohner auf den Prüfstand.

Wie sich die 77 Kriterien in den 5 Qualitätsbereichen widerspiegeln, ist in der folgenden Tabelle aufgeschlüsselt.

lfd.Nr.	Qualitätsbereich	Anzahl der Kriterien
1	Pflege und medizinische Versorgung	32
2	Umgang mit demenzkranken Bewohnern	9
3	Soziale Betreuung und Alltagsgestaltung	9
4	Wohnen, Verpflegung, Hauswirtschaft und Hygiene	9
5	Befragung der Bewohner	18
Summe		77

Fragen aus dem Qualitätsbereich 4
„Wohnen, Verpflegung, Hauswirtschaft und Hygiene"

51 Sind die Gestaltung der Bewohnerzimmer z. B. mit eigenen Möbeln, persönlichen Gegenständen und Erinnerungsstücken sowie die Entscheidung über ihre Platzierung möglich?

52 Wirken die Bewohner an der Gestaltung der Gemeinschaftsräume mit?

53 Ist der Gesamteindruck der Einrichtung im Hinblick auf Sauberkeit und Hygiene gut?

54 Kann der Zeitpunkt des Essens im Rahmen bestimmter Zeitkorridore frei gewählt werden?

55 Wird bei Bedarf Diätkost angeboten?

56 Ist die Darbietung von Speisen und Getränken an den individuellen Fähigkeiten der Bewohner orientiert?

57 Wird der Speiseplan in gut lesbarer Form eines Wochenplans bekannt gegeben?

58 Orientieren die Portionsgrößen sich an den individuellen Wünschen der Bewohner?

59 Werden die Mahlzeiten in für die Bewohner angenehmen Räumlichkeiten und entspannter Atmosphäre angeboten?

Fragen aus dem Qualitätsbereich 5
„Befragung der Bewohner" (Ausschnitt)

Bei der Befragung der Bewohner beziehen sich fünf Kriterien unmittelbar auf die Hauswirtschaft:

65 Entspricht die Hausreinigung Ihren Erwartungen?

66 Können Sie beim Mittagessen zwischen verschiedenen Gerichten auswählen?

70 Schmeckt Ihnen das Essen in der Regel?

71 Sind Sie mit den Essenszeiten zufrieden?

72 Bekommen Sie jederzeit ausreichend zuzahlungsfrei zu trinken angeboten?

Drei Fragen an die Bewohner tangieren auch den Bereich Hauswirtschaft:

64 Hat sich für Sie etwas zum Positiven geändert, wenn Sie sich beschwert haben?

67 Sind die Mitarbeiter höflich und freundlich?

73 Entsprechen die sozialen und kulturellen Angebote Ihren Interessen?

Fragen aus den Qualitätsbereichen 1–3 (Ausschnitt)

In den ersten drei Qualitätsbereichen finden sich folgende Fragen mit Bezug zur Hauswirtschaft:

lfd. Nr.	Kriterium	Bezug zur Hauswirtschaft
2	Werden erforderliche Dekubitus-Prophylaxen durchgeführt?	ausreichende Versorgung mit Flüssigkeit und Eiweiß
7	Werden individuelle Ernährungsrisiken erfasst?	Planung und Dokumentation durch Pflege, fachliche Beratung durch Hauswirtschaft
8	Werden bei Einschränkung der selbstständigen Nahrungsversorgung erforderliche Maßnahmen bei Ernährungsrisiken durchgeführt?	Planung und Dokumentation durch Pflege, fachliche Unterstützung bei der Durchführung durch die Hauswirtschaft
9	Ist der Ernährungszustand angemessen im Rahmen der Einwirkungsmöglichkeiten der stationären Pflegeeinrichtung?	Angebot für motivierende Maßnahmen bei Fehlernährung (Unter- und Überernährung)
10	Werden individuelle Risiken bei der Flüssigkeitsversorgung erfasst?	Planung und Dokumentation durch Pflege, fachliche Beratung durch Hauswirtschaft
11	Werden erforderliche Maßnahmen bei Einschränkung der selbstständigen Flüssigkeitsversorgung durchgeführt?	motivierendes Getränkeangebot
12	Ist die Flüssigkeitsversorgung angemessen im Rahmen der Einwirkungsmöglichkeiten der stationären Pflegeeinrichtung?	motivierendes Getränkeangebot
19	Werden bei Bewohnern mit erhöhtem Sturzrisiko erforderliche Prophylaxen gegen Stürze durchgeführt?	Vermeidung von Stolperfallen durch Arbeitsmittel, z. B. Reinigungs- und Transportwagen; Aufstellen von Warnschildern bei der Reinigung; Wechsel von defekten Leuchtkörpern
28	Wird bei Bewohnern mit Ernährungssonden der Geschmackssinn angeregt?	angenehme Essensdüfte vor und während der Mahlzeiten

lfd. Nr.	Kriterium	Bezug zur Hauswirtschaft
33	Wird bei Bewohnern mit Demenz die Biografie des Bewohners beachtet und bei der Pflege und Betreuung berücksichtigt?	Ermittlung und Umsetzung von Lieblingsspeisen; Berücksichtigung der Schlafgewohnheiten bei den Reinigungszeiten
38	Können die Bewohner die Zimmer entsprechend ihren Lebensgewohnheiten gestalten?	Unterstützung bei der Einrichtung, Pflege des privaten Mobiliars
41	Gibt es ein bedarfsgerechtes Angebot für Bewohner mit Demenz?	z. B. eat by walking, mobiles Kochen; bei Bedarf hochkalorische Kost
45	Gibt es Maßnahmen zur Kontaktpflege zu den Angehörigen?	z. B. über Kochgruppen, Nähgruppen
47	Gibt es Hilfestellungen zur Eingewöhnung in die stationäre Pflegeeinrichtung?	Gespräche mit Bewohnern in der Eingewöhnungsphase über hauswirtschaftliche Wünsche und Abläufe

Bewertungssystematik

Für die Bewertung der Kriterien werden diese in drei Bewertungsgruppen unterschieden:

- bewohnerbezogene Kriterien
- einrichtungsbezogene Kriterien und
- Fragen an die Bewohner

Bewertung der bewohnerbezogenen Kriterien

Bewohnerbezogene Kriterien sind die Kriterien 1–31, 33–36 und 40. Sie stammen ausschließlich aus den ersten beiden Qualitätsbereichen. Für diese Kriterien werden die Noten folgendermaßen ermittelt:

Für jeden Bewohner, der für die Stichprobe ausgewählt wurde, werden diese Kriterien einzeln bewertet. Dabei wird bei jeder Frage der Skalenwert

10 (für ja) und

0 (für nein)

vergeben. Die Prüfer können keinen Wert dazwischen vergeben. Die Note für das Kriterium wird aus dem Mittelwert aller Skalenwerte errechnet. Wenn eine Frage für einen der ausgewählten Bewohner nicht zutrifft, wird sie in die Bewertung nicht mit einbezogen. Dazu ein Beispiel:

Kriterium 7: Werden individuelle Ernährungsrisiken erfasst?
Anzahl der befragten Bewohner: 9

Bewohner/in	Kriterium erfüllt?	Skalenwert
Frau A	ja	10
Herr B	ja	10
Frau C	ja	10
Frau D	ja	10
Frau E	ja	10
Herr F	nein	0
Frau G	ja	10
Frau H	ja	10
Frau K	ja	10
Summe		**80**

Es wurden 80 Punkte ermittelt. Daraus errechnet sich folgender Mittelwert:

80 : 9 = 8,89

Für das Kriterium wird somit der Skalenwert 8,89 vergeben. Das entspricht der Note „gut" (1,7). Im Internet wird für diese Frage veröffentlicht:

„Vollständig erfüllt bei 8 von 9 Bewohnern."

Bewertung der einrichtungsbezogenen Kriterien

Einrichtungsbezogene Kriterien sind die Kriterien 32, 37–39, 41–59. Darunter fallen alle Kriterien, für die die Hauswirtschaft verantwortlich zeichnet. Diese Kriterien werden unabhängig von der Anzahl der befragten Bewohner nur einmalig bewertet. Auch hier gelten die Skalenwerte 10 (für ja) und 0 (für nein). Ein Zwischenwert ist nicht möglich.

Bewertung der Bewohnerbefragung

Für die Bewertung der Kriterien des 5. Qualitätsbereichs (Bewohnerbefragung) gelten andere Regeln. Die Bewohner können für die Antworten zwischen vier Abstufungen wählen.

immer   10
häufig   7,5
gelegentlich 5
nie   0

Aus allen Antworten der Bewohner werden für jedes Kriterium die Mittelwerte berechnet. Auch hier ein Beispiel:

Kriterium 65: Entspricht die Hausreinigung Ihren Erwartungen?
Anzahl der befragten Bewohner: 9

Bewohner/in	Bewertung	Skalenwert
Frau A	immer	10
Herr B	häufig	7,5
Frau C	immer	10
Frau D	häufig	7,5
Frau E	immer	10
Herr F	gelegentlich	5
Frau G	immer	10
Frau H	gelegentlich	5
Frau K	immer	10
Summe		**75,0**

Für 9 Bewohner wurden 75,0 Punkte ermittelt. Daraus errechnet sich der Mittelwert 75,0 : 9 = 8,33

Für das Kriterium wird somit der Skalenwert 8,33 vergeben, das entspricht der Note „gut" (2,1)

Gesamtbewertung

Für jeden der fünf Qualitätsbereiche wird eine separate Note ermittelt.

Der Skalenwert für einen Qualitätsbereich berechnet sich aus dem arithmetischen Mittel der Bewertung aller Kriterien dieses Bereiches.

Beispiel für den 4. Qualitätsbereich

„Wohnen, Verpflegung, Hauswirtschaft und Hygiene"

Kriterium	Skalenwert
51	10
52	0
53	10
54	10
55	10
56	0
57	10
58	10
59	10
Summe	**70**

Für 9 Kriterien wurden 70 Punkte ermittelt. Daraus errechnet sich der Mittelwert 70 : 9 = 7,78.

Für den 4. Qualitätsbereich wird somit der Skalenwert 7,78 vergeben.

Für die Umrechnung der Skalenwerte in Schulnoten hält die PTVS eine Umrechnungstabelle bereit. Der ermittelte Skalenwert 7,78 entspricht lt. Tabelle der Schulnote 2,5 (befriedigend).

Aus dem arithmetischen Mittel der ersten vier Qualitätsbereiche errechnet sich die Gesamtnote.

Der Qualitätsbereich fünf (Befragung der Bewohner) wird separat ausgewiesen.

Folgende Prüfergebnisse werden im Internet dargestellt:

- Gesamtnote und Einzelnoten der Qualitätsbereiche
- Einzelnoten aller 77 Kriterien
- Stellungnahme der Pflegeeinrichtung zum Prüfbericht

Internetplattformen, auf denen die Pflegenoten aller stationären Pflegeeinrichtungen veröffentlicht werden, finden sie unter www.pflegenoten.de

Kapitel 5

Vorschläge für Übungs- und Prüfungsaufgaben im Fach „Betriebs- und Unternehmensführung"

5.1 Prüfungsanforderungen

In der „Verordnung über die Anforderungen in der Meisterprüfung für den Beruf Hauswirtschaf-ter/Hauswirtschafterin" werden für den Teil „Betriebs- und Unternehmensführung" zwei Prü-fungsteile gefordert:

- Situationsaufgabe
- Schriftliche Prüfung

Bei der Lösung der Situationsaufgabe soll die angehende Meisterin die Haushalts- und Unterneh-menssituation eines fremden Betriebes analysieren und beurteilen können. Zudem soll sie Lösun-gen für die dargestellte Situation vorschlagen. Für diese Aufgabe hat sie 180 Minuten Vorberei-tungszeit, das dazugehörige Prüfungsgespräch dauert maximal 60 Minuten.

In der schriftlichen Prüfung, die maximal 180 Minuten dauert, muss sie komplexe, praxisbezoge-ne Fragestellungen zur Betriebs- und Unternehmensführung bearbeiten.

Prüfungsanforderungen an die angehende hauswirtschaftliche Betriebsleiterin (oder analoge Be-zeichnungen) sind auf Länderebene geregelt und können hier nicht zentral dargestellt werden. Die folgenden zwei Übungs- und Prüfungsaufgaben sind mit leichten Abwandlungen ebenso für die Übung und zur Prüfungsvorbereitung der hauswirtschaftlichen Betriebsleiterin zu verwenden.

5.2 Situationsaufgabe

Situationsbeschreibung

In einem kommunalen Alten- und Pflegeheim leben 80 Pflegebedürftige aller Pflegestufen in vier etwa gleich großen Wohngruppen. Knapp ein Drittel der Bewohner ist mobil, etwa die Hälfte der Bewohner ist an Demenz erkrankt. Sie bewohnen ausschließlich Einzelzimmer.

Die Verpflegungsleistungen werden von einem Caterer erbracht, der auch die benachbarte Kran-kenhausküche betreibt. Die Wäsche wird von einer gewerblichen Wäscherei gewaschen, gepflegt und wohnbereichsbezogen geliefert. Die Verteilung erfolgt durch eine hauswirtschaftliche Mitar-beiterin. Die Leistungen im Bereich der Hausreinigung und der Hausdekoration/Wohnumfeldge-staltung werden von hauseigenen Mitarbeitern erbracht.

Der aktuelle Stellenplan für die hauswirtschaftlichen Leistungen in Eigenregie weist folgende Daten auf:

Hauswirtschaftsleitung: 0,5 VZK
Reinigungskräfte: 5,2 VZK
Wäscheservice: 0,2 VZK

Folgende Mitarbeiter sind beschäftigt:
1 Hauswirtschaftsleitung	20 Std./Woche
1 mitarbeitende Vorarbeiterin (Hauswirtschafterin)	30 Std./Woche
8 angelernte Reinigungsmitarbeiterinnen mit je	20 Std./Woche
2 angelernte Reinigungsmitarbeiterinnen mit je	8 Std./Woche
1 Mitarbeiterin für den Wäscheservice	8 Std./Woche

Die zu reinigende Fläche beträgt insgesamt 2.700 m², davon entfallen 1.400 m² auf die Bewoh-nerzimmer mit Sanitäranlagen, 200 m² auf öffentliche Sanitäranlagen, der Rest auf Verkehrswege, Gemeinschaftsräume und Arbeitsräume.

Eine kürzlich durchgeführte Bewohner- und Angehörigenbefragung ergab dieses Ergebnis:

Bereich	sehr zufrieden	zufrieden	eher nicht zufrieden	keine Angaben
Verpflegung	18 %	72 %	8 %	2 %
Wäscheservice	2 %	38 %	55 %	5 %
Reinigung	40 %	55 %	4 %	1 %

Die interne Qualitätsprüfung der Hauswirtschaftsleitung zeigt ein differenzierteres Bild mit folgenden Problembereichen:

Wäscheversorgung:

- lange Wartezeiten
- Verlust von privater Wäsche
- schlecht gelegte und geglättete Wäsche
- Engpässe bei Frotteewäsche an Wochenenden

Reinigung:

- häufiger Nachbesserungsbedarf bei der Reinigung der Bäder
- einige Mitarbeiterinnen gestalten den Reinigungsumfang und -turnus nach eigenem Gutdünken
- Unordnung auf den Reinigungswagen, Mitführen von privaten Gegenständen, Getränken und Reinigungsutensilien, abgefüllte Reinigungsmittel in neutralen Behältnissen

Die Heimleitung erarbeitet in einem Zielfindungsgespräch mit der Hauswirtschaftsleitung folgenden Handlungsbedarf:

- Die Zufriedenheit mit der Wäscheversorgung muss bis zur nächsten Befragung in einem halben Jahr deutlich erhöht werden (mindestens 85 % sehr zufrieden und zufrieden).
- Die Zufriedenheit mit der Reinigung soll erhalten bleiben, allerdings sollen die intern festgestellten Mängel behoben werden, und der Personalschlüssel soll von 1 : 15 auf 1 : 18 heruntergefahren werden. Die Stelle der Hauswirtschaftsleitung bleibt davon unberührt.

Fragen/Aufgaben

1. Wie beurteilen Sie die aktuelle Personalstruktur?
2. Erarbeiten Sie Vorschläge, wie die Hauswirtschaftsleitung den Personalschlüssel in der Reinigung auf 1 : 18 absenken kann.
3. Erarbeiten Sie Vorschläge, wie die intern beobachteten Mängel bei der Reinigung behoben werden können.
4. Machen Sie Vorschläge, wie sich die Ergebnisqualität und die Bewohnerzufriedenheit in der Wäscheversorgung verbessern lassen.

5.3 Aufgabe zur schriftlichen Prüfung

Kurzbeschreibung eines Betriebes

Eine kleine Pension an der Ostsee wird als Familienunternehmen betrieben. Die Leitung liegt in der Hand der Ehefrau, Meisterin der Hauswirtschaft. Der Ehemann ist gelernter Elektriker und hat im benachbarten Alten- und Pflegeheim eine 30-Stunden-Teilzeitstelle als technischer Mitarbeiter.

Die Meisterin bildet eine Auszubildende in der Hauswirtschaft aus. Außerdem ist eine Reinigungskraft mit 20 Stunden angestellt.

Die Pension verfügt über folgende Zimmer:

- 2 Viererzimmer   mit Dusche/WC mit je 30 m²
- 3 Dreierzimmer   mit Dusche/WC mit je 25 m²
- 2 Doppelzimmer   mit Dusche/WC mit je 20 m²
- 4 Einzelzimmer   mit Dusche/WC mit je 15 m²

Die Pension bietet Übernachtung mit Frühstück (Ü/F) und Halbpension (HP) zu folgenden Preisen an:

Einzelzimmer:
Ü/F: 40,00 €
HP: 49,00 €

Mehrbettenzimmer:
Ü/F: Erwachsene   26,00 €
Kinder von 3 bis 12 Jahren   18,00 €
Kinder unter 3 Jahren   6,00 €

HP: Erwachsene   35,00 €
        Kinder von 3 bis 12 Jahren   22,00 €
        Kinder unter 3 Jahren   9,00 €

Im vergangenen Jahr waren die Betten wie folgt ausgelastet:

    400 Ü/F Erwachsene im Einzelzimmer
    800 Ü/F Erwachsene im Mehrbettzimmer
    400 Ü/F Kinder 3 bis 12 Jahre im Mehrbettzimmer
    600 Ü/F Kinder bis 3 Jahre im Mehrbettzimmer

    400 HP Erwachsene im Einzelzimmer
  1.000 HP Erwachsene im Mehrbettzimmer
    600 HP Kinder 3 bis 12 Jahre im Mehrbettzimmer
    800 HP Kinder bis 3 Jahre im Mehrbettzimmer

Es fallen folgende Einzelkosten an:

- Die jährlichen Personalkosten (12 Monate) für die Auszubildende betragen 9.000 €
- die jährlichen Personalkosten (9 Monate) für die Reinigungskraft betragen ebenfalls 9.000 €.

Jährliche Kosten für Lebensmittel und Reinigungsmittel: 20.000 €
Der Gemeinkostenzuschlag beträgt 35 %.
Der Zuschlag für Verwaltung und Vertrieb beträgt 15 %.

Aufgaben

1. Kostenrechnung

Ermitteln Sie die Einzelkosten, die Gemeinkosten und die Selbstkosten für die Leistungen Übernachtung/Frühstück und Halbpension.

(Lösungshinweise s. Kap. 3.5.3)

Schätzen Sie ab, ob die Pension so wirtschaftlich betrieben wird, dass sie die Familie ohne Kinder (mit der 30-Std.-Stelle des Ehemanns) ernähren kann. Geben Sie eine Begründung für Ihre Schätzung ab.

2. Betriebsführung

Die Meisterin der Hauswirtschaft investiert ca. 40 % ihrer Arbeitszeit in die Managementaufgaben Planung, Organisation und Kontrolle. Geben Sie Beispiele für diese Managementaufgaben für den Teilbereich „Wäscheversorgung für Gästezimmer, Speiseraum und Küche". (Lösungshinweise s. Kap. 1.2)

3. Arbeitsplanung

Erstellen Sie einen Arbeitsplan für die Reinigungskraft für die heutige Situation (Lösungshinweise s. Kap. 2.3.7 und 2.4.2):

- alle Mehrbettzimmer sind belegt
- in den 4 Einzelzimmern findet heute ein Wechsel statt
- außer den Zimmern sind Flure mit 40 m² und ein Speisezimmer mit 35 m² zu reinigen
- Fußböden werden gewischt
- Zeit: 4 Stunden

4. Qualitätsstandards

Definieren Sie, welchen Reinigungsstandard die Reinigungskraft in den belegten Zimmern in der vorhandenen Zeit erbringen kann. Welchen Reinigungsstandard könnte sie leisten, wenn sie 1 Stunde mehr zur Verfügung hätte? (Lösungshinweise s. Kap. 2.3.5)

5. Personalmanagement

Die Reinigungskraft hat gekündigt. Entwerfen Sie einen Text für eine kleine Stellenanzeige in den Ostsee-Nachrichten. (Lösungshinweise s. Kap. 2.5.3)

Literaturempfehlungen

Arbeitskreis der zuständigen Stellen für die Berufsbildung im Verband der Landwirtschaftskammern e.V. 2006: Meisterprüfung in der Hauswirtschaft. Empfehlungen zur Umsetzung der Verordnung über die Anforderungen in der Prüfung, Bonn

Arens-Azevedo, Ulrike, Huth, Elke, Lichtenberg, Wolfhart 2001: Hauswirtschaftliche Dienstleistungen in Pflegeeinrichtungen: Qualitätsmanagement – Schnittstellenproblematik, Hannover

Bayerisches Staatsministerium für Arbeit und Sozialordnung, Familien und Frauen (Hrsg.): Qualitätssicherung und Personalausstattung in der Hauswirtschaft und im Schnittstellenbereich Hauswirtschaft/Pflege von stationären Altenhilfeeinrichtungen

Berufsverband Hauswirtschaft: Anforderungen an die Leitung des hauswirtschaftlichen Dienstleistungsbereiches, Weinstadt

Berufsverband Hauswirtschaft: Empfehlungen des Berufsverbandes Hauswirtschaft zur Dienstleistungskonzeption Hauswirtschaft in Einrichtungen der stationären Altenhilfe, Weinstadt

Berufsverband Hauswirtschaft: Leitfaden zur Entwicklung eines Kenndatensystems hauswirtschaftlicher Dienstleistungen, Weinstadt

Berufsverband Hauswirtschaft: Standardstellenbeschreibung Leitung des hauswirtschaftlichen Dienstleistungsbereiches, Weinstadt

Birker, Klaus 2000, Reihe Praktische Betriebswirtschaft, Berlin

Bundesverband der Meisterinnen und Meister in der Hauswirtschaft: Standardstellenbeschreibung (Meisterin/Meister der Hauswirtschaft) – Teil I und 11

Bundesverband der Meisterinnen und Meister in der Hauswirtschaft: Existenzgründung – Von der Entscheidung bis zur Durchführung der Selbständigkeit – Erstellung von handlungsorientierten Prüfungsfragen „Betriebs- und Unternehmensführung" in der Meisterprüfung, Hambergen

Fachausschuss Großhaushalt der Deutschen Gesellschaft für Hauswirtschaft (Hrsg.) 2004: Management des hauswirtschaftlichen Dienstleistungsbetriebes, München

Haufe Business Tools 2005: Controlling-Instrumente, Planegg/München

Raabe: Hauswirtschaft und Management. Handbuch für hauswirtschaftliche Fach- und Führungskräfte, Loseblattsammlung, Berlin

rhw-Praxiswissen für die Aus- und Weiterbildung 2003: Management in der Hauswirtschaft, München

rhw-Praxiswissen für die Aus- und Weiterbildung 2003: Qualitätsmanagement in der Hauswirtschaft, München

rhw-Praxis Managementwissen für die Hauswirtschaft 2006: Betriebswirtschaft & Controlling

Simon, Walter 2005: GABALs großer Methodenkoffer: Managementtechniken, Offenbach

Wöhe, Günter 2002: Einführung in die Allgemeine Betriebswirtschaftslehre, München

Sachwortverzeichnis